Los niños y el dinero

Educar a los hijos en la responsabilidad

Los niños y el dinero
CONELY BRANCH

Educar a los hijos en la responsabilidad

Eileen Gallo, Ph. D.

Jon Gallo, J. D.

TRADUCCIÓN
Luis Sardiña Trejo para Grupo ROS

REVISIÓN
Grupo ROS

MADRID ● BUENOS AIRES ● CARACAS ● GUATEMALA ● LISBOA
MÉXICO ● NUEVA YORK ● PANAMÁ ● SAN JUAN ● SANTAFÉ DE BOGOTÁ
SANTIAGO ● SAO PAULO ● AUCKLAND ● HAMBURGO ● LONDRES ● MILÁN
MONTREAL ● NUEVA DELHI ● PARÍS ● SAN FRANCISCO ● SIDNEY ● SINGAPUR
ST. LOUIS ● TOKIO ● TORONTO

La información contenida en este libro procede de la traducción de la primera edición en inglés editada por McGraw-Hill Companies, Inc. No obstante, McGraw-Hill no garantiza la exactitud o perfección de la información publicada. Tampoco asume ningún tipo de garantía sobre los contenidos y las opiniones vertidas en dichos textos.

Este trabajo se publica con el reconocimiento expreso de que se está proporcionando una información, pero no tratando de prestar ningún tipo de servicio profesional o técnico. Los procedimientos y la información que se presentan en este libro tienen sólo la intención de servir como guía general.

McGraw-Hill ha solicitado los permisos oportunos para la realización y el desarrollo de esta obra.

LOS NIÑOS Y EL DINERO. EDUCAR A LOS HIJOS EN LA RESPONSABILIDAD

McGraw-Hill/Interamericana de España, S.A.U.

DERECHOS RESERVADOS © 2002, respecto a la primera edición en español, por
McGRAW-HILL/INTERAMERICANA DE ESPAÑA, S.A.U.
Edificio Valrealty, 1ª planta. C/ Basauri, 17
28023 Aravaca (Madrid)
www.mcgraw-hill.es
profesional@mcgraw-hill.com

Traducido de la primera edición en inglés de
SILVER SPOON KIDS
ISBN: 0-8092-9437-0

Copyright de la edición original en lengua inglesa © 2002 por Eileen Gallo y Jon Gallo.

ISBN: 84-481-3740-X
Depósito Legal: M-39.727-2002

Editora: Mercedes Rico Grau
Diseño de cubierta e interiores: DIMA
Copyright ilustración interior: Jorge Ríos Benito
Compuesto en Grupo ROS
Impreso en: Cofás, S.A.

IMPRESO EN ESPAÑA - PRINTED IN SPAIN

Índice

Prefacio

De Kevin J. Gallo, un chico adulto

Ser el hijo de los autores de este libro es, sin duda alguna, una experiencia única. No todos los padres deciden escribir un libro para ayudar a otros en la difícil tarea de educar a sus hijos en la época de prosperidad en la que vivimos. Cuando mis padres empezaron esta obra, me resultaba difícil definir el trabajo que estaban realizando. Los amigos me preguntaban y mi respuesta era tan simple que me limitaba a decir: «Están escribiendo un libro sobre cómo no dar dinero a los hijos». Pero a medida que avanzaba el libro he ido conociendo el verdadero sentido de la obra que estás leyendo. Trata sobre cómo ser un buen ejemplo para tus hijos, algo que mis padres han logrado la mayoría de las veces. Trata sobre cómo desmitificar el dinero, lo cual aprendí desde mi más tierna infancia. Si tenía dinero, lo gastaba. Si no lo tenía, me aguantaba. También habla sobre el desarrollo humano y no me estoy refiriendo con esto a las clases de educación sexual que recibimos en el instituto, sino más bien a un análisis pormenorizado de la psique del *Homo sapiens*... un estudio de las reacciones de los humanos ante el dinero y del por qué de esas reacciones.

Este libro ha sido el resultado de multitud de borradores. Incluso el título fue objeto de debate: fue el tema central de una cena que contaba con la presencia de mis padres, mis hermanastros, sus esposas y yo. Tengo que reconocer que no me atraía la conversación, pero luego recordé que fue la generosidad de mis padres la que me permitió ir a Universidad de Loyola Marymount para estudiar la Licenciatura de Inglés y aprender el oficio de escritor. Fue entonces cuando me sentí en deuda con ellos y decidí ofrecer mi ayuda en lo que pudiese. Hice varias sugerencias. Pensé en *Who Wants to Raise a Millionaire?* («¿A quién le gustaría criar a un millonario?») porque captaba la esencia del libro y hacía referencia a la moda de la cultura pop de nuestros días. *I Never Promised You a Rolls* («Nunca te prometí un Rolls») era otra de las sugerencias y combinaba el tema del libro con una expresión habitual. Reconozco que, *When Money Does Grow on Trees: Providing a Ladder for Your Lass or Laddie* («Cuando el dinero nace en los árboles: colocar una escalera a tu hijo o hija»), sonaba muy escocés. Tras estos devaneos, decidí adentrarme en las profundidades de la lengua inglesa y con la ayuda de un buen diccionario me puse a buscar un título que conjugase forma y contenido; el resultado fue *The Confluence of Affluence and Influence* («Problemas provocados por la prosperidad»), pero éste no era precisamente el título en el que estaban pensando mis padres.

Posteriormente, ellos solos dieron con el título definitivo: *Silver Spoon Kids* *. Se preocuparon por saber qué opinión merecía este título entre amigos, familiares y compañeros de trabajo y todos coincidieron en que parecía muy adecuado. Cuando les dije que había una serie de televisión protagonizada por Ricky Schroder con el mismo título, me preguntaron al unísono, «¿quién es Ricky Schroder?», por lo tanto, ya no teníamos que seguir buscando un título.

Estoy seguro de que este libro será de gran utilidad, tanto para vosotros como para vuestra familia. Nosotros mismos ya nos hemos beneficiado de él; en lugar de «mendigar» monedas a nuestros padres, mis hermanastros y yo nos hemos dado cuenta de lo gratificante que es solventar los problemas económicos por uno mismo. El dinero prestado, los regalos o las «ayuditas» de nuestros padres no pueden reemplazar la grata sensación que experimentamos cuando logramos equilibrar nuestro presupuesto, compramos aquello para lo que estuvimos ahorrando tanto o cuando tenemos que tomar una decisión seria con nuestro dinero. Es de este modo como aprovechamos todo lo que hemos aprendido y contribuimos a los escarceos literarios de mis padres. Y una cosa más..., el primer borrador de este libro se imprimió en el papel reciclado de todas las ofertas de tarjetas de crédito que, con gusto, rechazamos.

---

* *Silver Spoon Kids*, título original de este libro, deriva de la expresión inglesa: «someone was born with a silver spoon in their mouth» que se aplica a los niños que nacen en una familia rica. Ante la imposibilidad de reflejar este juego de palabras en español y al tratarse de un libro de autoayuda, el título se cambió por: *Los niños y el dinero. Educar a los hijos en la responsabilidad.*

Agradecimientos

Queremos expresar nuestro agradecimiento a todas las personas que, de un modo u otro, han hecho posible este libro:

A Zo Byrnes, Julliene Schenkel, Judy Barber, John Levy y Peter Karonff, por su constante y desinteresada ayuda a la hora de compartir sus conocimientos y preocupaciones.

A Stuart Ende, Sherry Brent, Wendy Darby y Sharon Dunas por su apoyo y aliento.

A Art y Patty Antin, Ken y Katrina Carlson, Al Wroblewski, Elinor Livingston, Mary Micucci, Jane Downs, Arnold Kahn, Barbara Wilson, Marlo y Grega Longstreet, Sarah Pillsbury, Heidi Frey Greenwald, Helen y Jim Zukin, Nina Sabban, Janet Bodner, Arthur y Arlene Schwimmer, Bonny Dore, Stephan Poulter, Jerry Florence, Pat Byrnes, Brent Kessell, Andy Goldfarb, Julie Flapan, David Lehrer, Roger Hastings, Audrey Cahn, Christina Pickles, Ann Reynolds, Julie y Richard Kagan Christie William, Jean Brincko, J.Brin y Barbara Shulman, y Joyce Bivans, que han tenido la amabilidad de compartir con nosotros anécdotas, experiencias e ideas.

A Bruce Wexler, que nos ayudó a centrar el tema; a nuestra agente, Caroline Carney, que ha sido un continuo punto de apoyo y aliento; y a nuestra editora de Contemporary Books, Judith McCarthy, que se leyó el libro, encontró inconsistencias y nos ofreció sugerencias para mejorar esta obra.

Introducción

¿No sabes cómo y cuándo hablar con tu hijo sobre asuntos de dinero?

¿Te preocupa que tu hijo desarrolle un sentimiento de superioridad y no asuma la responsabilidad de ayudar a aquellos que tienen menos?

¿Te molestan los continuos mensajes materialistas con los que los medios de comunicación bombardean a tu hijo?

¿Vives en una comunidad acomodada y te preocupan los valores de los adultos y niños que viven en ella?

¿Te preguntas cómo puedes conseguir que tu hijo administre el dinero con responsabilidad cuando sus amigos tienen tarjetas de crédito sin límite y sus padres les compran todo lo que quieren?

¿Es tu principal preocupación como padre que tu estilo de vida «corrompa» a tu hijo y lo convierta en un drogadicto, un adolescente desmotivado o un adulto inmaduro?

Estas preguntas están en la mente de muchos padres de hoy en día y no sólo de los multimillonarios. Educar a un hijo en una época de prosperidad es un desafío al que se enfrentan padres de muy diversos estatus económicos. Los problemas y situaciones que se le plantean a la clase media son muy parecidos, si no los mismos, que los que deben afrontar los más adinerados. La influencia de la prosperidad lo impregna todo. El problema no se puede reducir al hecho de que cada vez haya más personas con dinero; en ocasiones, los niños crecen desmotivados porque saben que cuando cumplan veintiún años heredarán una gran suma de dinero. En otros casos, el problema tiene una raíz psicológica, hay padres que no dedican el tiempo necesario a establecer una relación sólida con su hijo e inculcarle los valores que el pequeño necesita para contrarrestar los valores negativos que la sociedad le hace llegar sobre el dinero.

En otras palabras, no es necesario ser millonario para sacarle todo el provecho a este libro (aunque si lo eres tampoco te vendrá mal la lectura de esta obra). Si vives bien, en una comunidad acomodada, este libro te será útil. Como alguien dijo en cierta ocasión, no hace falta ser Rockefeller para malcriar a tu hijo.

Pero, con este libro, no nos vamos a limitar a enseñarte cómo puedes evitar malcriar o malacostumbrar a tu hijo. Obviamente, es uno de los objetivos, pero no el único. El efecto que tiene la prosperidad en los niños es muy diverso y el resultado muy variado. Falta de ambición, incapacidad de afrontar responsabilidades con el dinero, sentimientos de culpabilidad, miedo al fracaso o un sentimiento de privilegio son sólo algunos de los efectos negativos de la prosperidad.

Sin embargo, no creemos que la prosperidad sea algo negativo en sí mismo. Lo diremos por primera pero no por última vez: tener dinero es bueno para los padres. Uno de nuestros objetivos con este libro es ayudarte a entender que la prosperidad, lejos de convertirse en una fuente de problemas, es algo de lo que te puedes valer para educar a tu hijo. Los hijos de las familias adineradas tienen muchas posibilidades; oportunidades que puedes aprovechar para, por un lado, que tu hijo sea una persona estable emocionalmente y, por otro, que aprenda a administrar bien su dinero. Antes de pasar a explicarte cómo puedes aprovechar estas oportunidades, nos gustaría compartir contigo la historia que nos llevó a escribir este libro. Leyéndola, te podrás hacer una idea de las motivaciones que, como autores y padres, tuvimos para ponernos manos a la obra.

¿Cómo utiliza la gente su dinero?

Una crítica sobre un libro que leímos en *The New York Times* cambió el curso de nuestras vidas. Transcurría 1986. Llevábamos un año casados y teníamos a tres niños a nuestro cargo. Eileen estudiaba su doctorado en psicología y Jon, junto con otros socios, trabajaba en un bufete de abogados, donde era el especialista en planificación patrimonial.

Aquel lunes, *The Times* publicaba una crítica de *The Postponed Generation: Why American Youth Are Growing Up later*, la obra de Susan Littwin. Básicamente, Littwin decía en su libro que toda una generación de jóvenes estaba retrasando la asunción de las responsabilidades y la autonomía propias de las personas adultas. Como padres y asesores, y al igual que muchos de nuestros amigos y clientes, ya nos habíamos enfrentado a algunos de los problemas que describía Littwin en su libro. Sin embargo, fue esta crítica la que nos llevó a hacer nuestro primer esfuerzo conjunto: un artículo titulado «*Estate Planning for the Postponed Generation*», publicado por el Instituto de Planificación Patrimonial de UCLA. A éste pronto le siguieron otros artículos que combinaban psicología y planificación patrimonial.

Eileen eligió los aspectos emocionales inherentes a la riqueza repentina cómo tema para su disertación doctoral. En los programas de televisión y los suplementos de los periódicos abundaban las historias de personas a quienes el dinero de la lotería o la fortuna de una herencia, les había arruinado la vida. Eileen pasó dos años estudiando los factores emocionales asociados a la riqueza repentina, con el objetivo de descubrir por qué unas personas se adaptaban bien a su nuevo estatus económico y otras no.

Como parte del proceso, concertó entrevistas con personas que se habían convertido en millonarias repentinamente; a Eileen le interesaba qué experiencias en torno al dinero habían tenido en su juventud y qué mensajes, sobre este tema, habían recibido de sus padres. Tras realizar varias entrevistas, Eileen se empezó a dar cuenta de algo realmente curioso: ¡Los entrevistados respondían a preguntas que no se les habían hecho! En concreto, les preocupaba qué efectos iba a tener el dinero en sus hijos. Eileen les preguntaba sobre su infancia y los entrevistados terminaban hablando de sus hijos. Varios entrevistados terminaron haciéndose la misma pregunta: «¿Cuánto dinero es necesario para arruinar a mi hijo?».

Por las noches, hablábamos sobre nuestros amigos; algunos de ellos, aun gozando de un buen nivel de vida, estaban educando hijos responsables, motivados y con buenos modales. Pronto, nos empezamos a preguntar por qué, ¿qué era exactamente lo que estaban haciendo bien estos padres?

Nos llevó tres años de investigación, entrevistas y trabajo con nuestros clientes, saber que la clave de educar hijos responsables y emocionalmente sanos está en una combinación de factores: la necesidad de desmitificar el dinero, una buena comprensión de los principios psicológicos fundamentales del desarrollo humano y tener un concepto claro de los valores que se poseen como persona, de las relaciones con el dinero y de los mensajes que se envían a los niños.

Fruto de esta investigación también nació este libro. Jon lleva más de treinta años impartiendo conferencias sobre impuestos y planificación patrimonial a profesionales del mundo de la economía. Cuando Eileen terminó su doctorado, empezamos a enseñar juntos, combinando los aspectos psicológicos con los técnicos. Como psicoterapeuta especializada en asuntos relacionados con la riqueza y como abogado asesor de asuntos hereditarios, podemos ofrecer una perspectiva única en estos temas. Tras realizar varias presentaciones conjuntas, la Universidad de Nueva York nos ofreció colaborar en la creación del *NYU Family Wealth Institute*. Formamos parte de la junta asesora, que se reúne anualmente en Manhattan la primera semana de mayo y somos conferenciantes habituales. Nos llovieron las ofertas para realizar presentaciones y creamos el Instituto Gallo, el brazo educativo de nuestros estudios y prácticas. En nuestro instituto hemos hablado con muchos asesores de renombre y sus clientes. Hace unos años, creamos un seminario dedicado a los niños, el dinero y los valores. El seminario fue un rotundo éxito y, por ello, nos decidimos a escribir este libro. Si deseas más información sobre el Instituto Gallo, puedes obtenerla en www.galloinstitute.org.

Cuando nos decidimos a escribir este libro teníamos las ideas muy claras. En primer lugar, queríamos asegurarnos de que fuese útil para padres con hijos de cualquier edad. Este libro contiene sugerencias aplicables a recién nacidos, adolescentes y adultos. En segundo lugar, no queríamos escribir un libro *anti-dinero*. No creemos que el dinero sea la raíz de todos los males y que cause daños irreparables en nuestros hijos. El problema es cuando el dinero no viene acompañado de valores. Por ello, a lo largo de estas páginas, enfatizaremos la importancia de hacer llegar, de comunicar, tus valores a tus hijos, especialmente aquellos «comportamientos relacionados con el dinero». En tercer lugar, nuestra intención fue escribir un libro práctico, no un libro teórico o académico; este libro está diseñado para llevarlo a la práctica. Esa es la razón por la que encontrarás respuestas a las preguntas más frecuentes de los padres de hoy en día. Por ejemplo, ¿cuál es la respuesta «correcta» si tu hijo de seis años te pregunta cuánto dinero tienes?; ¿cómo deberías responder si tu hijo de doce años te pide un aumento de su asignación?; ¿qué le dirías a tu hijo de dieciséis años si te pide una tarjeta de crédito porque «todos sus amigos tienen una»? o ¿qué deberías hacer si tu hijo de veintidós años, tras dilapidar el crédito de su tarjeta, quiere volver a casa para ahorrarse el dinero del alquiler de su apartamento? En cuarto lugar, esperamos que este libro te haga entender cuáles son tus relaciones con el dinero, con el objeto de que ayudes a tu hijo a establecer buenas relaciones con el dinero sin que le afecten los problemas o tendencias negativas que tú hayas podido tener en este aspecto.

Por último, con este libro nos proponemos ofrecerte los conocimientos y técnicas necesarias para que ayudes a tu hijo a vivir una vida feliz y llena de significado, una vida facilitada y no obstaculizada por el dinero.

Del significado del dinero a la conversación sobre el dinero

En este libro encontrarás consejos prácticos, historias y explicaciones de los «por qué» de los asuntos que tratamos. Tan importante como saber qué hacer para educar buenos chicos en entornos prósperos, es saber por qué hay que hacerlo. Es más probable que hagas lo correcto, si sabes por qué lo estás haciendo.

Por ello, explicaremos el significado psicológico del dinero, cómo las personas forman sus propias relaciones con respecto al dinero (por ejemplo, hay gastadores compulsivos y hay personas míseras) y qué efectos tienen estas relaciones en los niños. También estudiaremos los estadios de desarrollo del niño y el papel negativo que la prosperidad puede jugar durante el desarrollo de estos estadios. Además, nos centraremos en la importancia de definir y articular un sistema de valores para contrarrestar la influencia negativa que puede tener la prosperidad.

En casi todos los capítulos encontrarás material útil, desde listas de comprobación a autoexámenes. Encontrarás ideas que te permitirán traducir los mensajes que, en torno al dinero, envías a tu hijo y consejos sobre cómo modificar tales mensajes (por si no estás seguro de que estás enviando los mensajes correctos).

En este libro también encontrarás técnicas para fomentar en tu hijo el interés por la filantropía, para responder las preguntas más habituales que, sobre el dinero, hacen los chicos y numerosos consejos para enfrentarte a ese tema tan peliagudo de las asignaciones. En todos los capítulos encontrarás recuadros titulados «Nuestra sugerencia», que en dos o tres frases te explican y animan a poner en práctica ciertas actividades para que tú y tus hijos las hagáis conjuntamente.

Finalmente, el libro contiene muchas historias. Son historias basadas en las experiencias con nuestros clientes o que nos han contado nuestros asociados, alumnos o amigos. También hay alguna que otra anécdota basada en nuestra propia experiencia como padres. Hay historias graciosas e impactantes, pero todas contienen alguna lección importante. Unas ilustran errores y otras aciertos en la educación de los niños en un entorno próspero. En todas, hemos cambiado los nombres de los personajes y algunas, aunque no son inventadas, sí son composiciones de varias experiencias diferentes que hemos vivido.

Un libro útil para empezar

Ser padre es un desafío, tanto para los ricos como para los pobres. De hecho, probablemente sea más difícil ser padre si tienes dos trabajos, vives en un barrio humilde y estás preocupado por la delincuencia y las drogas. Pero es un error creer que la prosperidad facilita la tarea de ser padre. Si tienes un buen nivel de vida, no es difícil dejarse llevar por un falso sentimiento de seguridad. Vivir en una buena urbanización, con buenos colegios y poder comprar a tu hijo todo lo que se le antoje, no te exime de tus obligaciones como padre. En realidad, tu hijo va a necesitar de tu ayuda para enfrentarse a los problemas psicológicos y relacionados con el dinero.

Algunos expertos han sugerido que nadie debería ser padre hasta que pasase una prueba que demostrase que está capacitado. Tras esta ingeniosa idea, yace uno de los conceptos aplicables a este libro: las comunidades prósperas no preparan a sus hijos para ser padres. En parte, el problema es que, la actual, es la primera generación próspera de muchas familias; crecieron en familias donde el dinero escaseaba. Como resultado, han carecido de los modelos adecuados en los que fijarse para realizar su papel de padres. No es que los suyos hayan sido malos padres, sino que ahora se enfrentan a otro tipo de desafíos. Puede que sus padres les enseñasen buenas lecciones, pero no las que necesitan ahora.

La otra dimensión del problema sí se relaciona con el hecho de que tus padres fuesen ricos o pobres. La sociedad ha cambiado. La combinación de valores familiares y creencias religiosas que moldeaban el comportamiento de los chicos se ha diluido con el tiempo. La prosperidad ha sustituido a los valores y creencias, de ahí la gran cantidad de personas que intentan «aparentar»; en palabras de Nathan Lane en *The Producers*: «Si tienes, ostenta». La generación anterior a nosotros no dejaba viviendas de tres habitaciones para irse a vivir a casas el doble de grandes; tampoco les compraban a sus hijos coches de lujo cuando cumplían dieciséis años o pisaban el suelo de tres continentes durante unas vacaciones. Hace años, la televisión no incitaba tanto al consumismo y los multimillonarios *puntocom*, simplemente, no existían.

Y es que ser un padre próspero trae consigo muchas responsabilidades. No se trata simplemente de evitar que tu dinero dañe a tu hijo, sino de intentar que tu hijo utilice el dinero de un modo positivo.

Ojalá hubiésemos aprendido las lecciones que hemos incluido en este libro cuando nuestros hijos eran más jóvenes. Habríamos sorteado muchas de las trampas en las que hemos caído. Esperamos que aproveches nuestros errores y nuestra investigación y llegues a ser un buen padre.

1

La prosperidad es un arma
de doble filo

La pasada década ha sido una de las más prósperas de la historia. Nunca hubo tantos recursos para criar niños felices y emocionalmente sanos.

Sin embargo, la prosperidad es un arma de doble filo. Por ejemplo, la prosperidad:

- Nos permite criar a los hijos en un ambiente de bienestar pero también nos puede llevar a ser demasiado permisivos.

- Nos ofrece la posibilidad de comprar productos y contratar servicios que facilitan el aprendizaje y el desarrollo de los niños pero también nos puede hacer demasiado materialistas.

- Aumenta el abanico de oportunidades para los hijos pero también los sobrecarga de actividades y los presiona en exceso.

- Permite a los niños desarrollar actividades filantrópicas pero también puede generar en ellos un sentimiento de superioridad.

Aunque la prosperidad siempre ha sido un arma de doble filo, sus riesgos han ido aumentando durante los últimos años. Nos gustaría darte a conocer algunos factores y tendencias que han hecho que los padres prósperos encuentren cada vez más difícil criar a sus hijos. Pero, primero, fíjate en el cuadro

«Los efectos de la prosperidad» (pág. 3). Se trata de un esquema sencillo que incluye algunos de los posibles efectos positivos y negativos de la prosperidad.

No es necesario ser rico para ser próspero

Antes, la prosperidad era algo exclusivo de las clases altas. Ha sido sólo hace unos años, veinte más o menos, cuando el concepto ha empezado a dar cabida a más personas.

A finales de los noventa y comienzos del siglo XXI, la prosperidad se convierte en un fenómeno entre las clases medias. Los fondos acumulados en planes de pensiones (que pasan de una generación a otra) y la generalizada participación en el mercado de valores han permitido que sean más las personas que pueden permitirse un estilo de vida próspero. Dow Jones & Company introdujo el índice tecnológico en 1897 y en su primer día cerró en 40,94. Tuvieron que pasar otros setenta y seis años para que el índice industrial Dow Jones cerrase por encima del 1.000 (1972). Hasta 1995 no superó los 5.000 por primera vez. Solamente cuatro años más tarde superó la barrera de los 10.000.

Otro factor importante para esta generalización de la prosperidad es que los padres de la generación de los sesenta están transfiriendo grandes cantidades de dinero a sus hijos adultos. Los expertos estiman que, durante los próximos veinte años, se transferirán más de 50 billones de dólares por herencia sólo en Estados Unidos. Además, cada vez es más común encontrar familias con dos fuentes de ingresos que pueden permitirse casas, coches y viajes vedados para las familias con un solo sueldo de antaño. Si hablamos de trabajo, no sólo vemos a gente que gana más dinero que nunca sino que también lo hacen muy jóvenes.

Esta tendencia se ha reafirmado con la proliferación de compañías tecnológicas, compañías que frecuentemente están dirigidas por personas de veinte a treinta años. A pesar del «batacazo» que han sufrido estas empresas, han sido muchos los jóvenes que se han convertido en millonarios con ellas. Por otro

1. La prosperidad es un arma de doble filo

lado, el creciente uso de tarjetas de crédito, sus límites cada vez más altos y la facilidad para obtener hipotecas basadas en el valor de la vivienda han contribuido a la llamada «prosperidad virtual».

Los efectos de la prosperidad

Positivo	Negativo
Seguridad económica	Desmotivación por el trabajo/ los logros
Libertad para aprender/ explorar	Pereza
Actividades más interesantes	Sobrecarga de actividades
Mayor calidad de vida	Permisividad
Oportunidades filantrópicas	Sentimiento de superioridad
Amistad con otros chicos prósperos	Aislamiento y esnobismo
Apego por las recompensas del trabajo duro y la ambición	Materialismo extremo

Que hoy en día disfrutamos de un poder adquisitivo sin antecedentes es un hecho irrefutable. Pero *poder adquisitivo* y *prosperidad* no son sinónimos. Definamos ambos términos. O mejor aún, empecemos explicando en qué *no* consiste la prosperidad.

En primer lugar, la prosperidad no viene definida por la riqueza neta de una persona, dónde viva o a qué se dedique. Si bien los médicos y abogados con ingresos millonarios que viven en urbanizaciones exclusivas son personas prósperas, también pueden considerarse como tales muchas familias de clase media. Imagina una familia en la que el padre y la madre trabajan de maestros, con un sueldo de 45.000 dólares. A pesar de la modestia de sus sueldos, la suma de ambos ingresos unido a una pequeña herencia que dejaron los padres de ella y al uso de crédito, les permite irse de vacaciones al sur de Francia todos los veranos, tener una piscina y enviar a sus dos hijos a uno de los clubes de tenis más escogidos del país. Aunque no vivan en un barrio selecto, sus hijos realizan actividades asociadas a la riqueza y se relacionan con chicos y familias que realmente disponen de grandes cantidades de dinero.

El polo opuesto es el caso de Hetty Green. No la consideramos una persona próspera a pesar de que heredase siete millones de dólares cuando tenía veintiún años y de que cuando murió, a los sesenta y un años, fuera una de las mujeres más ricas de América. Volveremos al caso de Green más tarde.

Hasta cierto punto, la prosperidad, como la belleza, depende del ojo con que se mire. Aunque puede resultar absurdo pensar que una persona que dependa de un subsidio se considere próspera, no es del todo absurdo ampliar la definición tradicional para englobar a más personas, no sólo a las acaudaladas.

¿Eres próspero? La respuesta fácil es sí, porque probablemente no estarías leyendo este libro si no estuvieses preocupado por el efecto que el estilo de vida y la riqueza de tu comunidad tiene en tu hijo. Pero nos gustaría ir más allá de la mera semántica del término. Para ello, lee la lista que aparece a continuación y señala las afirmaciones apropiadas para tu caso (y tu familia):

Nuestra sugerencia

Piensa en las cinco personas o parejas que consideras que son tus mejores amigos. Puedes incluir a tus hermanos. ¿Son prósperos? ¿En qué te basas para decidir si lo son o no?

- ☐ Solemos reservar una cantidad de dinero para gastarla en pequeños lujos.

- ☐ Los amigos de nuestro hijo tienen mucho más dinero que nosotros.

- ☐ Disfrutamos de unas buenas vacaciones con regularidad.

- ☐ A veces tenemos la sensación de que le damos a nuestro hijo más cosas (regalos, educación, campamentos, etc.) de las que deberíamos.

☐ Vivimos en una prestigiosa zona de la ciudad, o al menos, gran parte de los residentes pertenecen a una clase media-alta.

☐ No dudamos en utilizar los sistemas de crédito para mantener nuestro estilo de vida.

☐ Esperamos que durante los próximos años nuestra riqueza neta aumente considerablemente (por promociones laborales, inversiones, herencias).

☐ No reparamos en gastos en uno o más de los siguientes productos o servicios: comida, electrodomésticos y educación.

☐ Nuestra familia cuenta con dos sueldos.

☐ Contratamos niñeras o canguros, un servicio para cuidar el césped, una empleada de hogar, un agente de bolsa, un abogado y una contable (señale esta afirmación si contrata a dos o más).

☐ Nuestra intención es trasladarnos a una casa o a un apartamento amplio, o ya tenemos uno.

Si has señalado dos o más afirmaciones, es probable que la prosperidad afecte a tus hijos. La cuestión es, ¿les afectará de forma positiva o negativa?

Tendencias problemáticas

Para algunos, el sueño americano de la prosperidad se ha convertido en la pesadilla de criar a una generación de niños mimados que crecen hasta convertirse en adultos egocéntricos y permisivos consigo mismos. ¿Qué ha hecho del sueño una pesadilla? Fíjate en algunas de las tendencias más significativas.

● **Materialismo extremo.** La publicidad sofisticada, dirigida en su mayoría a quinceañeros, les incita a comprar y les sugiere que necesitan un determinado producto, no importa lo que cueste. El mensaje que subyace puede parecerse a éste: *hoy te mereces un descanso, ve y compra*

X, Y o Z y te hará parecer más guapo, atractivo, feliz y seguro. En una gran cantidad de anuncios podemos observar el énfasis que cobran los nombres de las marcas pronunciados con un tono cínico y permisivo. Aunque los mensajes materialistas no son nuevos, siempre estuvieron acompañados por un sistema sólido de valores sociales. Los padres, la iglesia y la escuela inspiraban valores como la honestidad, la caridad y la responsabilidad, y los medios los reforzaban. Hoy, estos valores ya no son tan sólidos y, como consecuencia, el materialismo puede ejercer más poder sobre los niños. Si los niños no creen en la importancia de la caridad o no asumen el concepto de vivir responsablemente, se hacen mucho más vulnerables ante el efecto negativo de la prosperidad. Es más probable que se conviertan en jóvenes egoístas y mimados, porque el peso de los valores que contrarrestan este efecto negativo es menor que en el pasado.

- **Volatilidad**. No hay nada que dure mucho y estamos perdiendo la comodidad que nos ofrecían las cosas de toda la vida. Más de las dos terceras partes de los productos que compramos hoy no existían hace treinta años. En casi todas las ciudades, edificios e incluso vecindarios con valor histórico se derriban para dejar paso a construcciones mejores y más modernas. Incluso en los barrios, hileras de atractivas casas roban el espacio a los vetustos vecindarios. Esta volatilidad se manifiesta en la informática, los componentes de hardware y las aplicaciones de software que quedan obsoletos desde casi el mismo momento de instalarlos. Los trabajos ya no son para toda la vida. Los ajustes y las fusiones, entre otras tendencias, hacen que la gente cambie de trabajo con una frecuencia alarmante.

Nuestra sugerencia

Pregúntale a tu hijo cuál es el anuncio que más le gusta; pídele que te diga su eslogan. ¿Refleja los valores que quieres inculcar a tu hijo o le incita a consumir, a sentirse superior y a tener un comportamiento poco ético?

Esta volatilidad puede desembocar en cinismo y avaricia. «Aprovéchate mientras puedas» es una coletilla muy utilizada por los adolescentes y los adultos jóvenes. Sin la protección de la tradición y la estabilidad, los adolescentes y adultos jóvenes caen con más facilidad en actitudes poco sanas en lo concerniente al dinero. La riqueza, como todo en esta sociedad, parece huidiza; entonces, ¿por qué no gastarla antes de que desaparezca? Esta volatilidad también es la causante de la desilusión de muchos jóvenes: ¿Para qué ganar mucho dinero o esforzarse en el trabajo si todo es tan evanescente?

- **Escasez de tiempo.** Uno de los símbolos más característicos de nuestro tiempo es el uso de agendas electrónicas para planificar las actividades de los niños. Los hijos de muchas familias prósperas desarrollan tantas actividades a lo largo del día, desde clases particulares a actividades deportivas pasando por sesiones de terapia, que los padres necesitan la ayuda de estos dispositivos para controlar todo lo que tienen que hacer.

Resulta alarmante que los horarios de los hijos parezcan hechos a semejanza de los de los padres (sobre todo si tanto el padre como la madre trabajan). No queda tiempo para que las familias coman juntas, para los juegos de mesa, para sentarse a charlar después de la cena, para pasear o para desarrollar todas las actividades propias de una unidad familiar. David Elkind razona en su libro, *The Hurried Child: Growing Up Too Soon*, que los niños que están demasiado ocupados se ven forzados a sortear las trampas del mundo de los adultos antes de estar preparados para ello. Como consecuencia, la transmisión de valores y creencias de padres a hijos se hace muy difícil, pues no es algo que se pueda hacer de una vez; este proceso de transmisión requiere repetidas interacciones a lo largo de los años, tiempo del que no disponen algunas familias. Los niños desarrollan sus propios valores y, en las casas prósperas, estos valores suelen centrarse en las cosas en lugar de en las ideas apropiadas.

- **Medios electrónicos.** Newton Minow, que presidió la *Federal Communications Comisión* (FCC) y describió la televisión como «una gran pérdida de tiempo», afirmó en 1989 que la mayoría de los jóvenes americanos antes de cumplir dieciocho años habrán estado más tiempo viendo la televisión que en el colegio. Aunque la televisión no es siempre nociva, la mayor parte de los programas que ven los niños, especialmente los anuncios, les empuja a querer más y mejores cosas. Los programas de televisión que ofrecen a los espectadores la oportunidad de ser millonarios enfatizan en exceso la posibilidad de convertirse en ricos de repente. Cuando no ven la televisión, los niños se conectan a Internet; aunque los ordenadores, como la televisión, pueden ser buenas herramientas de aprendizaje, evitan que los niños desarrollen otro tipo de actividades. Es conversando con gente real, padres, maestros, entrenadores o amigos, como los niños se socializan y maduran emocionalmente. Edward M. Hallowell, M.D., de *Harvard Medical School*, va más allá y afirma que la comunicación personal es la clave de todas las cosas importantes de la vida, desde una familia feliz a la salud física y la longevidad. La realización conjunta de actividades con amigos y adultos ayuda a modelar los valores. Los niños que están delante de una televisión o un monitor, o jugando a los videojuegos durante horas, no tendrán tiempo para conversar y desarrollar actividades. No es de extrañar que muchos de ellos no hayan crecido emocionalmente y que no hayan desarrollado valores sólidos que eviten que se conviertan en mimados, engreídos o en personas sin motivación.

Todas estas tendencias y medios afectan al modo en que criamos a nuestros hijos y lo diferencian de la manera en que nuestros padres nos criaron a nosotros. Los padres que vivieron la Gran Depresión en Estados Unidos experimentaron muy nítidamente las diferencias entre lujos y necesidades. Tendían a inspirar una sólida ética laboral en sus hijos y repetían una y otra vez que la vida era una lucha constante en la que no había nada seguro. Por el contrario, muchas personas nacidas durante los años sesenta adoptaron un enfoque de calidad de vida. En sus BMW se podían leer pegatinas que decían, «el que muera con más juguetes gana». Como padres, este énfasis en la calidad de vida hizo que la generación de los sesenta hiciese todo lo posible por sus hijos. Irónicamente, «hacer todo lo posible» con frecuencia significaba que eran otras personas quienes lo hacían. Debido a que el estilo de vida de la generación de los sesenta hacía que pasasen excesivo tiempo en la oficina o en viajes de negocios, optaron por sustituir su presencia física por toda clase de cosas materiales.

La que aparece a continuación es la historia de dos generaciones de una misma familia que ilustra cómo les afectó y qué consecuencias tuvo en ellos la prosperidad. Ciertamente, para ellos, la prosperidad se convirtió en un arma de doble filo.

Dos generaciones, dos tipos de padres

Bob y Mary se casaron en 1941. Bob fue llamado a filas y tras luchar en la II Guerra Mundial, en 1946, la pareja tuvo dos gemelos, Peter y Elizabeth. Tras la Guerra, Bob se dedicó a las ventas en una gran empresa mientras su esposa ejercía de ama de casa. Durante los diez años siguientes, sólo un estricto control del presupuesto familiar les permitía llegar a final de mes. Compraron una pequeña casa y Peter y Elizabeth tuvieron que compartir la misma habitación hasta casi la adolescencia. Pero la suerte económica de Bob cambió y, tras una serie de ascensos sucesivos, llegó a ocupar el puesto de vicepresidente. Hasta entonces, los cuatro solían cenar juntos (Bob tenía que viajar un poco al principio, pero tras cinco años en la empresa, los viajes fueron menos frecuentes) y aprovechaban este momento para contarse las cosas que les habían sucedido durante el día y para dialogar sobre los problemas. Todos los años los Smith alquilaban la misma casa en el bosque para disfrutar de las vacaciones veraniegas y los domingos iban a misa. Sólo se veía la televisión durante los fines de semana y Bob y Mary supervisaban las tareas escolares de sus hijos.

Los niños y el dinero

Los chicos empezaron a recibir su asignación semanal cuando tenían cinco años y depositaban el dinero en tres pequeños cerditos: «Ahorro», «Caridad» y «Diversión». Sus padres les dijeron que debían repartir sus respectivas asignaciones entre los tres cerditos a partes iguales. Podían gastar el dinero de la diversión como quisiesen (aunque Bob y Mary podían ejercer su derecho a veto sobre gastos excesivos en ciertas cosas como, por ejemplo, golosinas). Cuando llegaba la Navidad, vaciaban el cerdito de la caridad y le entregaban el dinero al Ejército de Salvación. Los niños podían dedicar el dinero del cerdito del ahorro a realizar compras extraordinarias (cosas más caras que se les antojaban), pero en este tipo de decisiones los padres también tenían reservado su derecho a veto. Sin embargo, si ejercían su derecho a veto, los padres razonaban a sus hijos por qué una determinada compra violaba ciertos valores. Por ejemplo, en una ocasión Bob explicó a Elizabeth que no le dejaba comprarse un suéter de cashmere porque lo consideraba inapropiado para una chica de doce años. En otra ocasión, Mary no le dejó a Peter comprar un producto porque creía que la política de empleo de la compañía que lo fabricaba no era la adecuada (los periódicos habían publicado historias sobre explotación infantil en el trabajo).

Tras licenciarse en derecho, Peter se casó con Linda en 1971. Encontró trabajo en un buen despacho de abogados, donde empezó a trabajar como asociado; con frecuencia, pasaba en la oficina más de setenta horas semanales. En 1974 tuvieron su primer hijo y tres años más tarde, el segundo.

Un año después de nacer su segundo hijo, Linda volvió a su trabajo en la inmobiliaria. La pareja había encontrado la casa de sus sueños en un barrio maravilloso, pero para poder pagarla, ella tenía que aportar un sueldo al presupuesto familiar. A Linda le fue bien en el trabajo y contrataron a una chica para que cuidase de los niños. Peter insistió en que cada niño tuviese su propia habitación, con su televisión y su teléfono. Pero eso no era todo, los niños podían hacer uso de su asignación como les viniese en gana. Peter comentó a Linda que aunque sus padres fueron justos con él y con su hermana, habían sufrido los efectos propios de una época de depresión.

«Después de todo –comentó Peter– gano muchísimo más dinero que el que ganaba mi padre y tú también tienes un buen sueldo. Deberíamos dejar que nuestros hijos se aprovechasen de esta circunstancia».

Peter y Linda nunca hablaron a sus hijos sobre el dinero. Aunque los padres de Peter habían hablado sobre este tema en numerosas ocasiones con él y con su hermana, a Peter y Linda no les gustaba decir a sus hijos cuánto dinero ganaban. Era como si se sintiesen avergonzados por su riqueza. En cierta ocasión, su hijo pequeño le preguntó si podían dar dinero a un vagabundo que pedía en la calle y Peter le contestó que no era una buena idea, que era muy joven para entenderlo.

Aunque ninguno de los dos hijos de Peter tuvo problemas en el colegio, se mostraban indiferentes ante sus obligaciones escolares. Sus notas siempre fueron mediocres y ni la posibilidad de castigos ni los incentivos (como un aumento de asignación) les motivaba a obtener mejores resultados. Pero más significativo es que no se sintieran atraídos por nada, ni dentro ni fuera del colegio. Solían juntarse con malos estudiantes y los esfuerzos de los padres por intentar estimular el interés por los deportes y la música (actividades que Peter y Linda amaban), siempre chocaron con la indiferencia de los hijos. Aunque lograron terminar el bachillerato e incluso llegaron a la universidad, finalmente la abandonaron. En la actualidad, el hijo mayor trabaja con Linda en la inmobiliaria (aunque siempre se está quejando), mientras que el hijo menor vaga de trabajo en trabajo sin encontrar ninguno que le convenga. Aunque han madurado algo desde la adolescencia y el mayor se ha casado, dan la impresión de ser infelices y de no estar muy seguros de qué hacer con sus vidas.

Lecciones para aprender y recordar

El enfoque que utilizó Peter para criar a sus hijos fue muy diferente al que utilizaron sus padres con él. No es que Peter y Linda fueran «malos» padres, hasta cierto punto, sus errores reflejaban las normas culturales: trataban a sus hijos como la mayoría de los padres de su comunidad. Sin embargo, nunca existió un sentimiento de cercanía entre sus hijos y ellos. No lograron transmitir valores sólidos en lo relacionado con los temas económicos. Y tampoco inspiraron en sus hijos una «moralidad del dinero» que les sirviese para contrarrestar el impacto negativo que la prosperidad tuvo en sus vidas. En concreto, Peter y Linda:

- Hicieron del dinero un tabú.

- Colmaron a sus hijos de cosas sin hacerles responsables de lo que recibían (o gastaban).

- No dedicaron el tiempo suficiente (en parte debido a sus continuos quehaceres) a enseñar a sus hijos que la prosperidad se basa en objetivos, en la responsabilidad social y en el trabajo bien hecho.

Nuestra sugerencia

Recuerda la última vez que hablaste con tu hijo sobre el dinero. Piensa en qué dijiste y en qué postura tomaste. ¿Qué crees que sacó en claro tu hijo?

Esta transmisión de valores es la que determina si, finalmente, la prosperidad tendrá un efecto positivo o negativo en el desarrollo de los niños. La prosperidad no es como los cigarrillos: no es necesario que nadie te avise de que puede perjudicar seriamente la salud emocional de tu hijo. Es la mezcla de la prosperidad con la escasez o ausencia de valores lo que puede generar el problema.

Tu narrativa sobre el dinero

Inculcar a tu hijo valores sobre el dinero no es una tarea sencilla. No se trata de sentar a tu hijo e impartirle una magnífica conferencia sobre responsabilidad fiscal o sobre la importancia de hacer el bien en el mundo. Ten en cuenta que los niños toman información de todo lo que haces y dices; tanto es así, que en muchas ocasiones no serás consciente de que estás influenciando a tu hijo. Por lo tanto, el primer paso es ser consciente de cuáles son tus actitudes respecto al dinero. Con tal fin, tú y tu pareja tenéis que crear vuestra narrativa sobre el dinero, es decir, un historial de vuestros asuntos financieros. Las preguntas que aparecen a continuación te serán útiles para tal propósito:

- ¿Cuál fue tu primera experiencia con el dinero (por ejemplo, la primera compra que realizaste)?

- ¿Qué aprendiste de tu madre sobre el dinero?

- ¿Qué aprendiste de tu padre sobre el dinero?

- ¿Qué influencia tuvieron en ti los mensajes de ambos?

- ¿Qué historias sobre el dinero podrías contar de tu familia (las típicas historias que se cuentan cuando la familia se reúne)?

- ¿Qué cosas hicieron tus padres con el dinero que te parecieron admirables?

- ¿Qué cosas hicieron tus padres con el dinero que no te parecieron éticas o incluso que encontrases ofensivas?

- ¿Qué tipo de educación financiera recibiste? ¿Te ha sido útil? ¿Qué harías para mejorarla?

- ¿Qué problema en torno a cuestiones económicas fue el que te afectó más cuando eras niño? ¿Persiste, hoy en día, ese problema?

- ¿Tienes las mismas actitudes y valores en torno al dinero que tus padres? ¿Y que tus hijos y tu pareja? En caso contrario, ¿en qué se diferencian y por qué?

- ¿Cómo te sientes siendo próspero? ¿Qué es lo primero que se te viene a la cabeza?

- ¿Qué mensajes sobre el dinero crees que estás enviando a tu hijo?

Aprovecha tus respuestas para crear tu narrativa sobre el dinero, es decir, una historia personal, sincera y honesta sobre tus actitudes en torno al dinero y las experiencias que has vivido sobre el tema. Intenta no desmarcarte del significado que tiene para ti el dinero y de cómo has evolucionado en este aspecto a lo largo de los años. Creemos que escribir una historia como la que te hemos propuesto te servirá para ser consciente de cuáles son tus valores respecto al dinero. Te invitamos a escribir la historia ahora, pues volveremos a ella en el capítulo 3.

En capítulos posteriores, te enseñaremos técnicas que te permitirán definir tus relaciones con el dinero y los valores que posees en torno a este asunto. Por ahora, céntrate en la creación de esta historia para explorar qué sentimientos tienes sobre el dinero. Lo idóneo sería que tú y tu pareja escribieseis vuestras propias historias y, una vez terminadas, os las intercambiaseis. Hablad sobre ello. Si Jack creció en una familia que gastaba lo mínimo, ¿ha heredado este comportamiento o se ha convertido en un gastador compulsivo? ¿Es tu pareja como Barbara, quien a pesar de haber nacido en una familia rica no ayuda nunca a los más necesitados?

Pensar y hablar de vuestras historias sobre el dinero os servirá para convertir la prosperidad en algo que facilite, y no obstaculice, la educación de tu hijo.

2

Controlar el desarrollo de los hijos

Para comprender las razones que existen para que la prosperidad pueda llegar a afectar negativamente a los niños y la forma en que lo hace, es necesario tener algunas nociones de psicología del desarrollo. Durante los últimos cincuenta años, los psicólogos han logrado ampliar considerablemente sus conocimientos sobre el proceso de desarrollo de nuestros pequeños. Uno de los descubrimientos más significativos estriba en la importancia de que los niños establezcan *modelos seguros* basados en adultos durante los primeros años. Sin un espejo en el que mirarse, los niños son más proclives a experimentar dificultades emocionales a medida que pasan por cada una de las etapas del desarrollo.

Lo que realmente nos interesa a nosotros es saber qué efectos puede tener la prosperidad en ese establecimiento del modelo. Las actitudes y comportamientos negativos, descritos en el capítulo anterior, son más comunes en los hijos de familias adineradas en las que hay problemas de modelo. La causa de ello es que la prosperidad ha obstaculizado el establecimiento de un modelo seguro, impidiendo, de este modo, que los chicos no consigan realizar satisfactoriamente toda una serie de tareas fundamentales para su desarrollo a medida que crecen. Pero la prosperidad no tiene por qué ser un obstáculo que dificulte el establecimiento del modelo y que impida que tu hijo crezca emocionalmente sano. Es más, aunque su efecto negativo ya se haya producido, todavía está en tus manos establecer una relación segura con tu hijo. Para ayudarte a conseguirlo, permítenos que empecemos explicando en qué consiste un modelo seguro. En el apéndice que se incluye al final del libro, puedes encontrar más información sobre este concepto.

No es fácil establecer un modelo cuando no hay nadie en quien fijarse

Tras la Segunda Guerra Mundial, el psicoanalista británico John Bowlby advirtió un aumento significativo de enfermedades mentales entre los niños que, separados de sus familias, habían vivido en orfanatos durante periodos prolongados. Bowlby llegó a la conclusión de que es vital que entre el niño y la persona que lo cuida se establezca una relación afectuosa, estable y de confianza que genere satisfacción y placer a ambas partes. Bowlby llamó a esta relación «modelo seguro» y a los adultos que lograban este tipo de relación con los niños «figuras modelo».

La madre no es la única persona que puede ser identificada como figura modelo. Los estudios han demostrado que tanto el padre como la madre pueden personificar esta figura, independientemente de que sea él o ella quien cuide al niño. De hecho, los niños pueden desarrollar modelos seguros con varios adultos: las niñeras, los abuelos, el personal de los centros de educación infantil..., todos ellos pueden ser la figura modelo de un niño. La fundamental es que esa persona *esté ahí*, física y emocionalmente, de un modo coherente.

No son pocos los psicólogos que creen que la naturaleza del modelo durante nuestros primeros años de vida tiene consecuencias psicológicas y emocionales a largo plazo.

La calidad del modelo que fijemos durante la niñez afectará profundamente a la manera que tendremos de relacionarnos con el mundo cuando seamos adultos. De este modo, estableciendo un modelo seguro, una niña aprenderá a ver su entorno como un lugar seguro.

Un trato cariñoso le enseñará a reaccionar de un modo emocionalmente apropiado. Llorará si está hambrienta, pero olvidará sus sollozos si le das de comer y la tranquilizas. Los psicólogos denominan *autorregulación* a este tipo de comportamiento emocional apropiado. Esta autorregulación dota a los niños de mayor resistencia ante situaciones adversas y les facilita su interacción social cuando crecen.

Sin embargo, una niña que no logra desarrollar un modelo seguro no se sentirá a salvo en su entorno. Crecerá en ella un sentimiento de autodefensa que favorecerá el descontrol de sus emociones. Si controla sus emociones en exceso, se convertirá en una persona distante o rígida emocionalmente; por el contrario, si no controla sus emociones lo suficiente, puede convertirse en una persona insegura y dependiente. Por ello, podemos afirmar que los niños que no logran establecer un modelo seguro, experimentarán dificultades en sus relaciones sociales a lo largo de sus vidas; todo ello les podría llevar a convertirse en adultos o muy dependientes o muy distantes.

Nuestra sugerencia

Fíjate en tu calendario y repasa cada día; intenta reducir en media o una hora alguna de las actividades ajenas a tu hijo (por ejemplo, podrías regresar antes a casa o salir a cenar con menos frecuencia) para aprovechar este tiempo para realizar actividades relacionadas con tu pequeño, como leer o jugar.

Lo que nos interesa enfatizar es el hecho de que un niño que no tenga un modelo seguro y perciba el mundo como un lugar hostil, se puede convertir en un adulto que proyecte esa inseguridad en otras relaciones importantes, entre ellas, su relación con el dinero. En el capítulo 3 tendrás la posibilidad de examinar tu relación con el dinero. En este capítulo te darás cuenta de la estrecha relación que existe entre la necesidad que tienen los niños de un modelo seguro y la importancia de que éstos desarrollen una relación segura con el dinero.

La prosperidad como enemiga de la vida familiar

Algunas familias pueden gozar de una buena situación económica porque tanto el padre como la madre desarrollan trabajos que les absorben gran parte de su tiempo (con frecuencia trabajos estresantes); como consecuencia, pasan gran parte del día viajando o en la oficina. Entre nuestros clientes contamos con mujeres que, por motivos económicos o profesionales, volvieron a sus trabajos casi inmediatamente después de tener un niño. Pero hay otro tipo de familias prósperas que, ya sea por recibir una herencia o por la remuneración que recibe uno de los cónyuges, pueden permitirse que sólo el padre o la madre trabaje; pues bien, estos padres también podrían ausentarse del hogar en exceso, esta vez por viajes, trabajos sociales u otro tipo de compromisos.

En estos casos, ¿podrán los hijos desarrollar modelos seguros aunque sólo se les puedan dedicar períodos de tiempo limitados? Es curioso comprobar que éste mismo es el dilema al que se enfrentan muchas familias con pocos ingresos, especialmente las familias monoparentales. Para ambos casos, nuestro consejo es el mismo: aprovecha bien el tiempo que estás con tu hijo para fomentar un modelo seguro. Si no estás en casa, asegúrate de dejar a tus hijos en manos de adultos de confianza que puedan erigirse en figuras modelo, como pueden ser abuelos, niñeras u otro tipo de profesionales que los cuiden. No se trata de delegar la tarea de criar a tus hijos..., está claro que no estarías leyendo este libro si no te preocupase su bienestar. Lo que queremos decir con esto es que cuando estés con tus hijos, estés con ellos realmente, atento a sus necesidades e inquietudes; si no estás, cerciórate de que los dejas con unos adultos que puedan servirles de figuras modelo.

¿Cuáles son las claves de un modelo seguro? ¿Qué cualidades ha de poseer una persona para ser una figura modelo? ¿Qué puedes hacer para fomentar un modelo seguro con tu hijo? Si tu hijo pasa mucho tiempo con cuidadores ajenos a la familia, ¿en qué se deben fijar los padres para elegir a esa persona?

La estabilidad es lo más importante para el niño. Si no puedes dedicarle todo el día, evita cambiar de niñera con mucha frecuencia o los centros de educación infantil con demasiada rotación de personal. De este modo, tu hijo sentirá que su mundo es seguro y estable. Si estás pensando en llevar a tu hijo a un centro de preescolar, escoge uno con una proporción niño-adulto adecuada.

Además, asegúrate de que tú, o la persona que te sustituya, estáis atentos a las emociones del niño y de que vuestra respuesta es apropiada, sobre todo, a las señales no verbales tan frecuentes en estas edades. El contacto visual, la expresión facial, el tono de voz, los gestos corporales y la frecuencia e intensidad de los gestos son señales no verbales especialmente importantes. Estando atentos a estas señales, tú o la persona que cuide de tu hijo lograréis lo que los psicólogos denominan «comunicación colaborativa» con el niño. Tu hijo se sentirá entendido y esa «química» con otra persona facilitará su desarrollo social, emocional y cognitivo.

Por otro lado, una figura modelo debe ser capaz de poner en práctica dos conceptos: el diálogo reflexivo y la comunicación emocional. El lenguaje y el pensamiento abstracto son capacidades que los niños desarrollan pronto, pero no son innatas. El diálogo reflexivo es uno de los agentes que facilitan ese desarrollo. Tú, o en su caso, la figura que actúe como modelo, no os podéis limitar a mostraros receptivos a las señales verbales o no verbales del chico, sino que debéis tener una respuesta significativa ante ese intento comunicativo; en otras palabras, tenéis que ayudar a vuestro hijo a comprender e identificar la emoción o sentimiento que experimente. Además de reflejar los sentimientos y de compartir los aspectos positivos y divertidos de la vida del niño, la figura modelo debe apoyarlo emocionalmente cuando se enfurece o se frustra. Cuando experimenta estas emociones, la figura modelo tranquiliza al niño y le hace ver que no le va a abandonar. Es así como los niños aprenden que en una relación se pueden sentir emociones positivas, pero también otras que no lo son tanto; el niño se dará cuenta de que tú, o su cuidador, permanecéis a su lado, sea cual sea el cariz de la emoción que sienta en ese momento.

Si deseas profundizar en el complejo tema de la teoría del modelo y la necesidad de un modelo seguro, te recomendamos la lectura de *Attachment Across the Life Cycle*, editado por Parkes, Stevenson-Hinde y Marris; este trabajo reúne en un tomo las ideas de diecisiete profesionales, psiquiatras, psicólogos, sociólogos y etólogos; en muchos de los artículos de este libro puedes encontrar una amplia bibliografía. *Becoming Attached* de Robert Karen es otro buen libro a tener en cuenta sobre la teoría del modelo.

Los cinco estadios: Exposición de una teoría de cómo el dinero afecta al desarrollo de los niños

Con frecuencia los padres se preguntan: «¿Qué podemos hacer para que el dinero no dañe a nuestros hijos?». No hay una sola respuesta, sino cinco, una para cada estadio del proceso de desarrollo. Si sabemos en qué consisten estos estadios y cómo la prosperidad puede obstaculizar su correcto desarrollo, estaremos preparados para aprovechar nuestros recursos económicos de cara a allanar el camino del crecimiento emocional de los niños.

El psicoanalista Erik Erikson identificó varios estadios de desarrollo por los que todos pasamos; cada estadio está asociado a un conflicto o crisis que el sujeto debe resolver para pasar al siguiente. La tabla que aparece a continuación muestra los ocho estadios de Erikson.

Los ocho estadios de Erikson

Edad	Tarea de desarrollo
Del nacimiento a un año	Confianza
De los dos a los tres años	Autonomía
De los cuatro a los cinco años	Iniciativa
De los seis a la pubertad	Perseverancia
Adolescencia	Identidad
Adulto joven	Intimidad
Adulto medio	Generación
Adulto mayor	Integridad

En este capítulo nos vamos a centrar en los cinco primeros estadios. Para superar los diversos estadios, todo lo que necesita tu hijo es sentirse querido y competente; a esta última cualidad nos gusta denominarla sentimiento de «soy capaz». Un modelo seguro facilita que el niño pase de un estadio a otro.

Primer estadio: Confianza frente a desconfianza

Esta etapa tiene lugar durante el primer año de vida; durante este tiempo, el bebé debe desarrollar confianza en su entorno. Debe confiar en que sus necesidades, físicas y emocionales, alimento, cobijo, ropa y amor, están cubiertas. Por ello, la presencia de un modelo seguro es condición *sine qua non* para superar este estadio. Uno de los padres suele dedicarse por completo a esta tarea, normalmente la madre. Si la madre goza de un buen estado psicológico, el niño no tendrá dificultades para desarrollar esta confianza y, como consecuencia, podrá pasar al siguiente estadio.

Sin un modelo seguro, se generará en el niño un sentimiento de desconfianza. En estos primeros momentos, la desconfianza puede provocar que el niño recele de los demás y tema al futuro. Hemos trabajado con parejas que no se han dado cuenta de la importancia de que sus hijos cuenten con un modelo seguro. Aunque quieren a sus hijos, los tratan de forma correcta y no harían nada que les hiciese daño, están tan absorbidos por sus profesiones y tan obsesionados por la seguridad económica, que llegan a ignorar este otro tipo de seguridad. Durante su primer año de vida, es crucial que el niño establezca modelos seguros, con sus padres o con otra persona.

En el mejor de los casos, la estabilidad económica de la familia permitirá que, durante el primer año de vida de su hijo, uno de los cónyuges pueda dedicarse por completo al niño; él o ella disfrutará de esta experiencia demostrando su cariño y cuidando de él. Pero, por diversas razones, la situación puede ser otra muy distinta. Las familias monoparentales o en las que ambos cónyuges trabajan, bien por la importancia de sus profesiones o por la necesidad económica, deben contar con otra persona adulta que cuide a sus hijos de un modo estable cuando los padres se ausentan. Este último también puede ser el caso de aquellos padres que, exonerados por su riqueza de la obligación de ir a trabajar, dedican su tiempo a otro tipo de actividades.

Los que figuran a continuación son comportamientos típicos en padres que no logran crear un modelo seguro:

- No dedicar diariamente el tiempo suficiente al hijo durante el primer año de vida: Un padre o un cuidador que no ve al niño durante varios días seguidos.

- Ausencia de unión afectiva cuando se toma o da de comer al niño: Un padre o un cuidador que se muestra preocupado o distraído cuando está con el niño.

- Demasiada excitación en el niño: Un padre o un cuidador que no responde ante las señales no verbales del bebé, como cuando el niño mira hacia otro lado porque necesita más espacio.

- Cambiar con frecuencia de cuidador o llevar al niño a una guardería con demasiada rotación de personal.

Nuestra sugerencia

Céntrate por completo en tu hijo, como si estuvieses meditando. No te distraigas, ignora otros pensamientos y dedícate por completo a tu hijo en ese momento.

Segundo estadio: Autonomía frente a falta de confianza y duda

El objetivo de los niños de dos a tres años es afianzar la sensación de separación de sus padres para empezar a convertirse en sujetos autónomos y autosuficientes.

2. Controlar el desarrollo de los hijos

Aunque a esta edad, obviamente, los niños dependen de los padres, ya empiezan a hacer cosas por sí mismos, comen solos, caminan y hablan. Es a esta edad cuando el niño comienza a ir sólo al baño y acuña con orgullo –muestra clara de su autonomía– la frase: «Mamá, mira lo que hago». Si se obstaculiza este proceso y el niño no logra la independencia necesaria a esta edad, es posible que desarrolle problemas de autoestima y dude de sus capacidades en el futuro.

La prosperidad conlleva el riesgo de una protección excesiva. No son pocos los padres que nos cuentan en la consulta lo que han hecho para «proteger a sus niños y evitar que pasen lo que nosotros hemos pasado». Si el niño tiene dos años, esta actitud puede llevar a los padres a hacer y decir cosas que evitan que complete acciones por sí mismo. «Espérate que te vas a hacer daño» es una frase muy frecuente en boca de los padres que protegen en exceso a sus hijos.

También las niñeras suelen reflejar esta actitud con lo que denominamos «sombra de la niñera». Las niñeras u otras personas responsables de los niños intentan evitar que los padres les culpen porque su hijo se haya hecho una pequeña herida o haya tenido un pequeño accidente; por ello, no dejan que los niños se arriesguen lo más mínimo: tirarse solos por un tobogán o explorar lo que les rodea (jugar con la tierra, con gusanos, etc.)

Comportamientos típicos de los padres que obstaculizan el desarrollo natural de los niños de esta edad son:

- No permitir que el niño intente hacer cosas un poco más complicadas de lo habitual o ir inmediatamente a ayudarle, diciendo: «Eres muy pequeño para hacer eso» o «Déjame, yo lo hago».

- No permitir que el niño corra el más mínimo riesgo por un miedo desmesurado a las heridas, las infecciones o a que llore.

- Permitir que las niñeras u otros cuidadores supervisen todo lo que hace el niño, robándole la libertad necesaria para explorar por sí mismo.

Tercer estadio: Iniciativa frente a culpabilidad

De los cuatro a los cinco años, los niños pasan por el estadio de la iniciativa; empiezan a tener una idea de cómo van a ser en el futuro. Aprenden a resolver pequeños rompecabezas, juegan con otros niños e inician diferentes tipos de actividades por sí mismos. Es durante este proceso cuando los niños aprenden a perseverar y experimentan una sensación de logro.

Si disponen de la libertad necesaria para iniciar actividades lúdicas, los niños reforzarán su sentido de la iniciativa. A esta edad, el niño ya puede mantener conversaciones y empieza a realizar preguntas; su iniciativa se verá reforzada si los padres tratan sus preguntas con respeto. Si, por el contrario, se hace creer al niño que sus juegos son estúpidos y que interrumpe con sus preguntas, podría desarrollar un sentimiento de culpabilidad e inoportunidad que se prolongará durante toda su vida.

Con tres o cuatro años los niños empiezan a ver que no todas las personas ven el mundo del mismo modo; comienza a nacer en ellos el sentimiento de la compasión.

Nuestra sugerencia

Habla con tu hijo sobre los personajes de un libro, un programa de televisión o una película. Pídele que te explique qué es lo que cree que puede estar pensando o sintiendo un personaje en un momento dado.

Los niños empiezan a hablar sobre creencias. Ya puedes hablar con tu hijo sobre «cosas abstractas», ideas, actitudes y opiniones. Pregúntale qué piensa de las cosas y comparte con él tu opinión. Exponlo a una variedad de ideas y experiencias; de este modo, sabrás cómo piensa tu hijo y tú también te darás a conocer.

Posteriormente, destacaremos la gran importancia que cobra la filantropía a la hora de criar niños sanos emocionalmente y nos detendremos en la necesidad de que tu hijo entienda que pueden darse diferencias socioeconómicas entre las personas. Con esta edad, los niños empiezan a desarrollar las habilidades necesarias para tratar estos conceptos.

Durante este estadio, los niños también empiezan a discernir lo que está bien de lo que está mal. Ya hacen cosas por sí mismos y van descubriendo qué no se debe hacer, porque es malo, y qué sí se debe hacer, porque es bueno.

Los comportamientos contradictorios pueden ser perniciosos para los niños de estas edades; puede que los padres no se preocupen de predicar con el ejemplo, diciendo unas cosas y haciendo, en realidad, otras. Sabemos de más de un profesional con excelentes honorarios al que se le «llena la boca» hablando de justicia y de un trato por igual a todas las personas y, que en la práctica, desprecia al personal de la limpieza o chilla por teléfono a sus subordinados, simple y llanamente por no haber realizado algo correctamente. Otro caso muy común se produce cuando el niño escucha y comprueba que su padre, mintiendo, le dice a un amigo que no puede comer con él porque está ocupado. Terminemos estos ejemplos con uno de los más flagrantes: tiene lugar cuando, por un lado, los padres hablan de filantropía y de moderación en el gasto y por otro, el niño los ve comprando compulsivamente, desentendiéndose por completo de ayudar a los demás. Este comportamiento contradictorio puede llegar a confundir a los niños y, lo que es peor, esta confusión puede llegar a disuadir el proceso de iniciación de los niños. En su lugar, pueden experimentar un sentimiento de pasividad y culpabilidad por lo que han dejado de hacer.

Algunos comportamientos habituales en los padres que no hacen lo correcto para ayudar a su hijo a superar este estadio y pasar al siguiente son:

- Decir una cosa y hacer otra, sumiendo en la confusión a los hijos.

- No dejar que los niños inicien cosas por sí mismos, un reflejo del exceso de protección tratado en el estadio anterior.

- Ser demasiado exigente con los niños cuando estos intentan cosas nuevas, originando en ellos un sentimiento de culpabilidad cuando se confunden y llevándoles a ser reacios a tomar la iniciativa.

- Apresurarse a resolver los problemas que frustran a los niños. En lugar de ello, los padres deben enseñar a sus hijos a enfrentarse a la frustración, pues es éste un estado inherente al proceso de aprendizaje.

Cuarto estadio: Perseverancia frente a inferioridad

A la edad de seis años, más o menos, nuestros pequeños empiezan a ir al colegio; el juego deja de ser esa actividad satisfactoria que ocupa el tiempo. Nace en los pequeños un sentimiento de querer ser útiles; quieren demostrar su diligencia y atención haciendo cosas, se proponen dar lo máximo de sí mismos. La disciplina del colegio exige que los niños participen colectivamente en juegos complejos y logren objetivos mediante el esfuerzo. La interacción con los demás se convierte en un factor importante en el desarrollo del niño.

Los padres prósperos pueden obstaculizar el desarrollo en esta etapa si no alientan a su hijo a que haga las cosas por sí mismo y si no logran inculcarle cuán gratificante es gastar, ahorrar y esperar para darse satisfacciones con el dinero que uno gana. Respuestas tan tajantes como: «No necesitas eso» o «Te daré el dinero para que te lo compres» no son las más adecuadas en los padres ante las demandas materiales de los hijos. Tales respuestas contrastan con el ejemplo que ofrecemos a continuación.

El hijo de ocho años de una madre soltera que conocemos pidió un ordenador para su habitación. Su madre le dijo que no se lo podían permitir, pero que le ayudaría con algo si él lograba ganar algún dinero. Fue así como comenzó a lavar coches en el vecindario y llamó a su empresa *The BuBBles*. Su hermano mayor le ayudó e hizo panfletos de publicidad; pronto lograron clientes regulares. En varios meses, el chico había logrado ganar tanto dinero que, con la aportación de su madre, se pudo comprar el ordenador.

Este tipo de actividades ayudan a que el niño experimente una sensación de individuo competente. Este estadio continúa hasta la pubertad. Si los niños experimentan dificultades durante este estadio, pueden desarrollar sentimientos de inoportunidad e inferioridad.

2. Controlar el desarrollo de los hijos

Durante esta etapa, la prosperidad puede ser problemática si la tomamos desde el punto de vista del desarrollo porque los niños empiezan a compararse con sus compañeros. La comparación puede inducir a los niños a dudar de la importancia de la perseverancia en el logro de objetivos. Sin ir más lejos, si un niño cree que su casa es más bonita que las de sus compañeros y que tiene más juguetes que sus amigos, podría desarrollar un sentimiento de superioridad que oscurecería su capacidad para perseverar en la consecución de sus objetivos. En otras palabras, si se les dan demasiadas cosas, creerán que no tienen que trabajar para obtenerlas. Los padres que transmiten (conscientemente o no) este sentimiento de superioridad no están haciendo un favor a sus hijos. Los niños que afianzan este sentimiento no se esfuerzan en el colegio, con lo cual no logran superar los objetivos académicos y reciben comentarios negativos de sus maestros; como resultado, empiezan a menospreciar sus capacidades, aunque paradójicamente, intenten dar una sensación de superioridad.

Pero utilizada de un modo apropiado, la prosperidad también puede ser un factor positivo en este estadio. Las tutorías y una atención personalizada pueden resultar muy beneficiosas para el niño. Como padres, lo único que tenemos que hacer es evitar utilizar nuestro dinero como arma para ahuyentar los esfuerzos de nuestros hijos; los chicos que no sienten la necesidad de esforzarse pueden desarrollar un complejo de inferioridad.

Comportamientos típicos de los padres que pueden obstaculizar el desarrollo adecuado del niño durante esta etapa son:

- Jactarse de cuánto ganan en comparación con los demás.

- Obsesionarse en comprar cosas, especialmente lo mejor; en otras palabras, conceder más importancia a lo externo que a lo interno.

- Consolar a los niños repetidamente con frases como: «No tienes por qué preocuparte» porque «tienes suficiente».

- Estar demasiado ocupado como para interesarse por los logros escolares de su hijo.

- Fijar objetivos al niño sin tener en cuenta sus preferencias.

- Hacer los deberes del niño (o pagar a un profesor para que los haga) cuando el niño está frustrado.

- Comprar a los niños todo lo que quieren.

Quinto estadio: Identidad frente a confusión

Durante la adolescencia, los niños desarrollan lo que se ha venido en llamar «identidad del ego»; esto es, saber quiénes son, identificar sus papeles sociales y, finalmente, aceptarlos. Sienten que están aprendiendo a desenvolverse bien en la vida. Si no logran desarrollar esta identidad, los adolescentes creerán que se deben plegar a las expectativas de los demás o que deben rebelarse ante dichas expectativas. En ambos casos, el resultado es una «difusión de la identidad» o un sentimiento de que no pueden arreglárselas por sí mismos.

Aunque podemos encontrar adolescentes con estos problemas de identidad en familias de todos los niveles económicos, el problema se agudiza en las familias prósperas debido a la gran variedad de opciones y oportunidades que se les presentan a los hijos. Como te puedes imaginar, es difícil que un niño desarrolle su propia identidad si por su cabeza pasan continuamente preguntas como éstas:

- ¿Le gusto a la gente por mí mismo o por el dinero de mis padres?

- ¿Quién sería yo sin el dinero de mis padres?

- ¿Sobreviviría sin el dinero de mi familia?

- ¿Cómo puedo igualar el éxito de mis padres?

No es difícil que un chico a esta edad piense que cae bien a sus amigos sólo porque tenga una piscina o porque tenga entradas para un partido de fútbol. Además, pueden llegar a tener la terrible creencia de que su valor como ser humano está ligado a la riqueza de la familia. No pueden llegar a imaginarse cómo se las arreglarán y quiénes serán cuando llegue el momento de dejar el hogar paterno. Aunque en la adolescencia es normal cierta rebeldía, los chicos con problemas de identidad fracasan en el colegio y, lo que es más grave, se hacen más vulnerables a las drogas y frecuentan amistades con sus mismos problemas.

Algunos comportamientos de padres que contribuyen a esta confusión y que no ayudan en absoluto a la formación de una identidad son:

- No hablar con los niños, honesta y abiertamente, sobre el dinero y los valores.

- Consentir en demasía, lo que puede llevar al chico a relacionar y confundir el valor personal y el material.

- Limitar al plano de lo económico la valoración que se hace de los logros de los adultos, sin tener en cuenta otros planos como la satisfacción por el trabajo o el trabajo bien hecho.

Nuestra sugerencia

¿En cuál de los estadios de desarrollo se encuentra tu hijo? ¿A qué se enfrenta en dicho estadio? ¿Qué puedes hacer para ayudarle de una manera constructiva?

Cómo facilitar el desarrollo adecuado del niño

Por desgracia, no hay ninguna fórmula que los padres puedan utilizar para establecer con su hijo modelos consistentes que faciliten el proceso de desarrollo. No es nuestra intención recomendar que los padres estén en casa con sus hijos adolescentes y que hagan del establecimiento de un modelo su prioridad número uno. Tampoco intentamos decir que sólo existe un modo de ayudar a los adolescentes o de cuidar a un bebé. Pero lo que sí encontramos eficaz para los padres prósperos es el hecho de ser conscientes de los problemas de desarrollo o de modelo que pueden aparecer y aprovechar este conocimiento para evitar que sus hijos caigan en las trampas a las que son más vulnerables. La guía que te proponemos a continuación puede servirte de referencia.

Modelo

No limites tu presencia a la realización de una determinada tarea; cuando estés con tu hijo, dedica un tiempo al plano de las emociones. Nos hemos dado cuenta de que, aunque es cierto que los padres con trabajos muy exigentes se esfuerzan por sacar tiempo para sus hijos, no están en cuerpo y alma cuando están con ellos; estos padres no llegan a escuchar con atención ni se involucran lo suficiente en el juego. Como no podría ser de otra forma, los niños se dan cuenta de esta distancia emocional y no logran establecer el modelo necesario. No te conformes con ayudar a tu hijo exclusivamente en el plano material.

Confianza frente a desconfianza

Céntrate en tu hijo cuando estés con él. Si tienes la suerte de dedicarte por completo a tu hijo, conciénciate de que ser padre es un trabajo a jornada completa. Si, por el contrario, sólo puedes estar con tu hijo antes y después del trabajo, asegúrate de dejar a tu hijo con una persona que sepa ser una figura modelo y saca todo el tiempo que puedas para estar con tu hijo. Ten en cuenta que las niñeras o los cuidadores pueden ser modelos maravillosos, pero, en definitiva, no son los padres de la criatura. El padre eres tú; podrías ser tú el que estuviese sentado en el suelo jugando con los juguetes, el que cantase nanas o el que diese de comer a tu hijo. Durante el primer año de vida de un niño, el padre debería plantearse ciertos sacrificios profesionales o sociales para involucrarse más en los primeros días de su hijo y, así, ayudar al pequeño a desarrollar su confianza.

Autonomía frente a falta de confianza y duda

Da oportunidades a tus hijos. Aliéntales a intentar cosas nuevas y apóyales cuando encuentren sus primeras dificultades.

El miedo a poner en peligro la integridad física de tu hijo no te debería llevar a coartar su libertad para explorar el entorno y experimentar con él. En este sentido, una de las ventajas de la prosperidad es que te permite ofrecer a tu hijo todo tipo de juegos desafiantes, viajes y aventuras que le permitirán llegar a ser autónomo.

Iniciativa frente a culpabilidad

Vive de acuerdo con tus valores. Tu hijo te está viendo: Haz lo que dices. En este estadio de la vida, tu hijo va a iniciar toda clase de actividades y te gustaría que entendiese la importancia de vivir de acuerdo con unos valores. Empieza a hablar a tu hijos sobre tus ideas u opiniones. Sé muy consciente de cuál es tu comportamiento en temas relacionados con la prosperidad. Si predicas el valor de la igualdad, trata a tus empleados como iguales y no como sirvientes. El esnobismo es detestable, no critiques el coche de segunda mano o el modo de vestir de tus vecinos.

Perseverancia frente inferioridad

No pierdas la perspectiva en temas relacionados con el dinero. Tienes que transmitir a tu hijo la idea de que el dinero no lo es todo. Tus hijos deben saber que el dinero no es una varita mágica que convierte en felicidad, salud, fama y éxito todo lo que toca. Concede más importancia a las cualidades internas que a las externas. La respuesta de tu hijo será un buen rendimiento escolar; se dará cuenta de que el trabajo personal tiene sus recompensas y que las cosas hay que ganárselas, no se regalan. La clave de este estadio es que tu hijo desarrolle la motivación interna.

Identidad frente a confusión

Dialoga clara y honestamente con tu hijo sobre el dinero y hazle saber que la riqueza familiar no estará detrás de todo lo que haga. Los niños, como los adultos, deben aprender que ellos son los únicos responsables de sus actos y que, como tales responsables, deben formar su propia identidad. Háblales claramente sobre el dinero que tiene la familia. Si te preguntan por la herencia, respóndeles. Deben saber que la prosperidad es un privilegio que hay que ganarse y que el primer paso para ganársela es crear una identidad propia, una identidad que les permita ser ellos mismos, estén donde estén. Ayúdales a identificar qué cosas les gustan.

Nuestra sugerencia

Fíjate en tu hijo e intenta averiguar qué cosas logran encender sus ojos, por sorprendentes que sean.

No olvides nunca que a medida que los chicos van pasando de un estadio a otro es imprescindible que se sientan queridos y competentes. Como padre próspero, cuida de que tu éxito no ensombrezca el de tu hijo.

Cuéntales a tus hijos errores que hayas cometido o fracasos en los que alguna vez te hayas sumido. De este modo, tu hijo comprenderá que el rechazo y el fracaso también están presentes en la vida.

Ayuda a tu hijo a desarrollar su propia conciencia de «soy capaz» cuando se enfrente a los desafíos, fracasos y éxitos propios de los estadios de desarrollo que hemos visto, eso sí, sin olvidarte de ofrecerle el cariño y la seguridad necesarios para superarlos.

3

El dinero y tú, ¿cuál es tu personalidad económica?

En el primer capítulo te invitamos a que meditases sobre el dinero; queríamos saber qué sentimientos hacía aflorar en ti esta palabra y cuáles habían sido tus experiencias en este sentido. Nuestro objetivo era que fueses consciente de cuál había sido tu relación con el dinero a lo largo de toda tu vida. Si aceptaste nuestra invitación, es posible que vislumbres cómo es esa relación y puede que hasta hayas identificado algún rasgo de tu personalidad que desconocías. En este tercer capítulo, nuestro objetivo es ayudarte a que aceptes esa relación y que este conocimiento personal te abra las puertas a una paternidad exitosa.

Permítenos que, para empezar, te propongamos un breve test; te permitirá identificar algunas de las características de tu relación con el dinero. Anota tus respuestas en un papel y guárdalo; analizaremos todas ellas posteriormente en este capítulo.

1. **Como más disfruto es:**

    a. Ganando dinero.

    b. Gastando dinero.

    c. Administrando el dinero.

    d. Ahorrando dinero.

    e. Invirtiendo dinero.

2. **¿Con cuál de los siguientes casos te identificas más?**

   a. Para mí, el dinero es un problema. Creo que es el origen de todos los males.

   b. Yo comparo el dinero con un equipo de fútbol: cuanto más gano, más puntos obtengo.

   c. Hay que trabajar para vivir, no vivir para trabajar.

3. **¿Con cuál de los siguientes casos te identificas más?**

   a. Como sé que no voy a llegar a tener mucho dinero, lo gasto en el momento.

   b. Lo que ahorro es lo que gano.

   c. Ahorro, gasto y dono a partes iguales.

4. **¿Con cuál de los siguientes casos te sientes más identificado?**

   a. Leo cuidadosamente los extractos del banco y los informes de mi agente de bolsa.

   b. Suelo tardar en pagar las facturas o impuestos; tanto que, en ocasiones, llegan a penalizarme económicamente.

   c. Es cierto que podría llevar mejor mis papeles, pero nunca he perdido ninguno, ni me he retrasado en ningún pago.

Nos detendremos en tus respuestas posteriormente en este capítulo.

Elementos de tu personalidad económica

Cada uno de nosotros tiene su propia personalidad económica. Como padre, deberías conocer los aspectos psicológicos y emocionales que implica la relación con el dinero. Lo que pienses y lo que sientas respecto al dinero influirá en tu comportamiento y puede, por consiguiente, afectar a tus hijos.

Theodore Millon, profesor de psiquiatría en las Universidades de Harvard y de Miami, define la personalidad como un patrón de rasgos cognitivos

3. El dinero y tú, ¿cuál es tu personalidad económica?

(cómo pensamos), afectivos (cómo sentimos) y de comportamiento (qué hacemos) que perduran en el tiempo. Por lo tanto, una personalidad económica es la suma de lo que pensamos, sentimos y hacemos en torno al dinero.

La variedad de personalidades económicas hace que el efecto y la intensidad de la relación de las personas con el dinero sean muy dispares. A unos les proporciona seguridad y libertad..., a otros les causa ansiedad o dependencia. Hay quienes se sienten culpables cuando lo gastan y a quienes les aterroriza no tener el suficiente. Pero no vamos a negar los aspectos positivos del dinero; también hay quienes asocian el dinero a una buena gestión y lo toman como un medio para fines nobles.

La relación que cada uno de nosotros establece con el dinero toma forma en tres dimensiones diferentes: consecución, uso y administración. Sobre esta relación tridimensional operan dos factores: los mensajes que recibimos en la infancia sobre el dinero y los valores y el modo en el que organiza esta información nuestra mente.

Pero somos muy diferentes a la hora de procesar y organizar estos mensajes y comportamientos relacionados con el dinero; tanto, que incluso dos hermanos que viven en la misma casa no tienen por qué comportarse u organizarse de la misma manera.

Bob y Sherry son dos gemelos de treinta y dos años que crecieron en una familia en la que el padre era quien tomaba todas las decisiones económicas. Ambos vieron, una y otra vez, cómo su madre dejaba todas las decisiones económicas en manos del padre; sin embargo, esta vivencia en común no dio lugar a dos personalidades iguales. Mientras que Bob heredó la personalidad dominante de su padre y se casó con una mujer que delegaba en él cualquier asunto económico, Sherry estableció una relación más equitativa en la que él y su esposa compartían la toma de decisiones.

Bob y Sherry organizaron y procesaron de modo muy distinto los mensajes que, sobre el dinero, recibieron en su infancia. Aunque es cierto que parte de esta organización y procesamiento se hace inconscientemente, hay otra parte sobre la que sí tenemos un control directo. Pues bien, ya podemos adelantarte, que la comprensión de las tres dimensiones citadas anteriormente, es lo que te va a permitir moldear de una manera positiva tus actitudes como padre o madre.

La regla que figura a continuación es un buen modo de representar estas tres relaciones.

| Inseguro | Seguro | Inseguro |

Las tres dimensiones de la relación con el dinero

La parte central de la regla representa una relación segura con una de las tres dimensiones del dinero. Las partes derecha e izquierda representan relaciones inseguras; en estas dos partes encuadraríamos a las personas cuyo comportamiento con el dinero es anómalo. Hemos considerado que una regla es el ejemplo más adecuado porque nos permite ilustrar que en cada dimensión se pueden dar comportamientos normales y anómalos. La frontera entre lo seguro y lo inseguro puede no estar bien definida y variar en cada persona; en otras palabras, debemos considerar blanco, negro y escala de grises.

Para que puedas considerar como normal o segura tu relación con el dinero en una de las dimensiones, deben concurrir dos requisitos: primero, que tu relación en dicha dimensión no te acarree problemas y segundo, que te encuentres satisfecho con esa relación. Puede que quieras ganar más, gastar menos y que tus ahorros suban como la espuma, pero, en su conjunto, la situación, si concurren estas dos variables, es aceptable. Si, por el contrario, tienes una relación insegura, ya habrás tenido problemas con el dinero, si no, probablemente, los tendrás; problemas que, en la mayoría de ocasiones, degeneran en ansiedad. Aunque también es cierto que hay personas que toman esa inseguridad como algo normal, algo inevitable que forma parte de sus vidas. A ambos extremos de la regla encontraremos personas cuya relación con el dinero es tan anormal que podría llegar a tacharse de patológica. Son personas que, aún teniendo un nivel económico medio o incluso alto, pierden sus casas por no pagar las facturas o ingresan en prisión por evasión de impuestos o por fraude.

Todos nosotros albergamos cierto grado de seguridad e inseguridad en cada una de las tres dimensiones, consecución, uso y administración; y la razón para ello radica en que no le damos la misma importancia a las tres. Incluso en el caso de que todas tus relaciones con el dinero sean seguras, una de las dimensiones terminará cobrando más importancia. Si eres el típico empresario y dedicas tu vida a crear y vender empresas, la dimensión de consecución tendrá para ti, con toda seguridad, más relevancia. Pero no tienes por qué preocuparte por esto, el mero hecho de que la dimensión de consecución haya cobrado importancia sobre el uso y la administración, no significa que seas presa de una patología. Es la manifestación de esa relación, tus comportamientos a la hora de adquirir dinero en la vida real, la que determinará la normalidad o anormalidad.

Pero pasemos a ver con más detalle cada una de las tres dimensiones.

- **Consecución del dinero:** Esta dimensión está relacionada con cómo obtenemos el dinero. En este sentido, la mayoría de nosotros nos encontramos en la zona central de la regla; no tememos al dinero, ni cometemos delitos para conseguir más. En los extremos de la regla se encuadran las personas que o regulan excesivamente o no regulan en absoluto su comportamiento con el dinero. De un lado, nos encontramos con una persona fría o distante que regula excesivamente su relación. Esta persona ve en el dinero el origen de todos sus males. De otro lado, tenemos al insaciable, es decir, a una persona que no regula lo suficientemente su relación con el dinero; alguien que considera el dinero como la fuente de la felicidad y que no duda en cometer un delito para conseguir más. Un claro ejemplo de una persona insaciable en lo económico es John D. Rockefeller, quien llegó a ser el hombre más rico de América; ante la pregunta que le formuló un periodista: «¿Con cuánto dinero se conformará?», su lacónica respuesta fue: «Con un poquito más».

Si representamos la dimensión de consecución como una regla, obtendríamos un gráfico como éste:

| Inseguro (distante) | Seguro | Inseguro (insaciable) |

Regla de consecución del dinero

- **Uso del dinero:** Ésta es la dimensión referida a cómo ahorramos o gastamos. De nuevo, la mayoría de nosotros nos encontramos en la zona ancha de la regla; cuidamos y hacemos un uso razonablemente consciente de nuestro dinero. En un extremo están encuadradas las personas que regulan en exceso su relación con el dinero, en dos palabras, personas míseras. Hetty Green es un buen botón de muestra de este caso; nacida en 1834, en el seno de una familia rica de Nueva Inglaterra, heredó siete millones y medio de dólares a la corta edad de veintiún años. En 1916, año de su fallecimiento, había convertido su herencia en un patrimonio personal que superaba los 100 millones de dólares. Su secreto: saber invertir. En su número de octubre de 1998, *American Heritage* la incluía en la lista de las cuarenta personas más ricas de la historia de América... No en vano, en dinero de hoy en día, estaríamos hablando de 17.300 millones de dólares. Pero era tan rica como tacaña. Y demostró su tacañería en numerosas ocasiones, como cuando se negó a pagar los cuidados médicos que requería su hijo, a quien, finalmente, ¡le amputaron una pierna! En el extremo opuesto de la regla nos encontramos con personas que gastan compulsivamente el dinero. Estas personas no regulan lo suficiente su relación con el dinero, no hay nada que les frene a la hora de gastar.

Si representamos la dimensión del uso como una regla, obtendríamos un gráfico como el que aparece a continuación.

Inseguro (mísero)	Seguro	Inseguro (gastador compulsivo)

Regla del uso del dinero

- **Administración del dinero:** Esta dimensión está relacionada con cómo gestionas tu dinero. El campo de esta dimensión puede ir desde un simple pago de facturas hasta la administración de grandes inversiones. Con frecuencia, estas tareas se delegan en asesores profesionales. Retomando la figura de la regla, en un extremo tendremos a las personas que regulan en exceso, que se preocupan de administrar hasta la más insignificante de las cantidades. En el polo opuesto, el caos, la persona que no regula lo suficiente su relación; éste último es muy desorganizado y suele tardar en pagar las facturas, comportamiento que puede llevarle a la bancarrota y a la ruina.

Si representamos la dimensión de la administración como una regla, obtendríamos un gráfico como éste:

Inseguro (microadministrador)	Seguro	Inseguro (caótico)

Regla de la administración del dinero

Mejora tu relación con el dinero

Ahora que ya sabes en qué consisten las tres dimensiones de las relaciones con el dinero, es el momento adecuado para fijarnos en el test que te propusimos al principio de este capítulo.

En la primera de las preguntas te pedíamos que identificases qué dimensión, de las tres estudiadas, era la más importante para ti. Si anotaste la opción (a), la consecución es lo más importante para ti. Si anotaste las opciones (b) o (d), lo sería el uso. Finalmente, si seleccionaste las opciones (c) o (e), significaría que es la administración, no el uso ni la consecución, lo que consideras más importante.

La pregunta número dos se centra en la consecución. Si anotaste la opción (a) tu comportamiento en esta dimensión podría catalogarse como frío o distante. Si, por el contrario, seleccionaste la opción (b), tiendes a encuadrarte en la parte derecha de la regla, con los insaciables. Por último, si fue la (c) la opción con la que más te identificaste, te encontrarías en la zona central de la regla, un lugar seguro.

La tercera pregunta giraba en torno al uso. Si seleccionaste la opción (a), tu uso tiende a ser compulsivo. Si tu opción elegida fue la (b), tiendes a encuadrarte en la zona izquierda de la regla, con los míseros. Al igual que en la pregunta anterior, la opción (c) te ubicaría en la segura zona media de la regla.

Finalmente, la administración, la cuarta pregunta. Si te sentiste identificado con la opción (a), tiendes a ser un «microadministrador», es decir, a administrar hasta el último centavo de lo que gastas. Si fue la opción (b) la que seleccionaste, tu comportamiento en esta dimensión es más caótico que otra cosa. También, en esta cuarta pregunta, la opción (c) significa que tu relación es segura, que estás en la zona media de la regla.

Pero, antes de que valores tu relación con el dinero, ten en cuenta las cuatro consideraciones siguientes.

En primer lugar, no consideres las zonas de la regla como cajones estancos. Un comportamiento seguro se puede manifestar de muchos modos. Serán tus emociones (¿estás contento de tu relación con el dinero o te produce ansiedad?) y tu economía (¿el dinero te acarrea problemas?), las que determinarán si la tuya es una relación segura o insegura.

Por ello, si el resultado del test muestra que tiendes hacia alguno de los lados de la regla, tu relación no tiene por qué ser insegura; los comportamientos que has identificado podrían ser manifestaciones propias de un comportamiento seguro.

En segundo lugar, sería conveniente que fuese la pareja, y no sólo uno de sus miembros, la que determinase su relación; si conocéis cómo es vuestra relación con el dinero como pareja, seréis coherentes en los comportamientos y mensajes que enviéis a vuestros hijos, evitando así, caer en contradicciones.

Nuestra sugerencia

Piensa en tres conocidos que tengan comportamientos extremos en las dimensiones de consecución, uso y administración. ¿Son felices? ¿Son equilibrados sus hijos?

En tercer lugar, saber cómo afectará vuestro comportamiento con el dinero a vuestro hijo no es una ciencia exacta. El que tú y tu pareja seáis inseguros en la dimensión de la administración no determina que vuestro hijo vaya a ser una especie de «sabio loco» que esté continuamente perdiendo su agenda de ingresos y gastos; y al revés también, que tú y tu pareja tengáis una cierta seguridad en el plano de la consecución no os garantiza que vuestro hijo vaya a ser multimillonario. Cada niño es una combinación única de entorno y rasgos heredados y, aunque es cierto que tenéis un margen de intervención en la relación de vuestro hijo con el dinero, no podéis controlar todos los factores. Sin embargo, sí podemos afirmar que existe una correlación entre los mensajes que los padres envían a sus hijos y cómo se traducen estos mensajes en los comportamientos del niño a medida que va madurando. En el estudio de Eileen sobre el impacto de la riqueza súbita, podemos comprobar como casi el 90 por ciento de los niños que recibieron mensajes sobre la importancia de ahorrar y gastar responsablemente, exhibieron estos comportamientos cuando llegaron a adultos; si bien es cierto que en algunos casos la utilidad de estos mensajes sólo emerge cuando llegan a adultos y no durante la infancia.

En cuarto y último lugar, hemos comprobado que los padres que se esfuerzan por conocer las causas de sus comportamientos con el dinero tienen más probabilidades de influir positivamente en los comportamientos de sus hijos, que aquellos que no lo hacen. Si los padres conocen bien sus dimensiones de consecución, uso y administración podrán influir más directamente en el modo en el que el niño regula su comportamiento con el dinero.

A continuación, te proponemos un proceso de seis pasos que te ayudará a conocer el porqué de tus actitudes con el dinero.

Primer paso: comparar experiencias con el dinero pasadas y presentes

En el primer capítulo te pedimos que creases tu propia narrativa sobre tu relación con el dinero.

Quizás sea conveniente que la leas ahora; luego, responde a las siguientes preguntas:

1. Describe las emociones que giran en torno a tu actual relación con el dinero. ¿Se caracterizan por la ansiedad, la culpabilidad, el orgullo u otros sentimientos similares?

2. Recuerda tu infancia y describe las emociones de tu familia en torno al dinero.

3. ¿Son las mismas emociones? Si son distintas, ¿en qué se diferencian?

Segundo paso: ejercicio

Toma un papel y dibuja un gráfico como el que aparece a continuación.

Consecución	Distante	Seguro	Insaciable
Uso	Mísero	Seguro	Comprador compulsivo
Administración	Microadministrador	Seguro	Caótico

Tercer paso: evalúate en las tres dimensiones

Utilizando el gráfico, evalúate en las tres dimensiones. Si estás casado o tienes pareja, evaluaos a vosotros mismos y, después, el uno al otro. Si no os ponéis de acuerdo, tendréis una magnifica oportunidad para dialogar sobre por qué es así vuestra relación con el dinero.

Alan y Marisa asistieron a una de nuestras presentaciones y nos escribieron después lo siguiente:

> Dedicamos de quince a treinta minutos cada mañana a repasar juntos los comportamientos de consecución, uso y administración que tuvimos el día anterior. Es increíble la cantidad de cosas que descubrimos; con frecuencia, nos preguntamos ¿por qué hicimos eso? o ¿por qué hice eso? Incluso, nos atrevemos a preguntarnos recíprocamente, ¿por qué hiciste eso?

En casi todas las personas una de las dimensiones adquiere más relevancia que las otras dos. En muchos casos, la dimensión predominante está relacionada con la profesión del sujeto; así, los empresarios tienden a enfatizar la consecución, los asesores financieros el uso y los contables la administración. Y tú, ¿a qué dimensión le otorgas más importancia?: ¿a la consecución?, ¿al uso?, ¿o quizá a la administración? El hecho de que des más importancia a una de las dimensiones se reflejará en tu personalidad económica.

Cuarto paso: considerar los mensajes que envías

Tu relación con cada una de las dimensiones condicionará los mensajes que sobre el dinero envías a tus hijos. Contesta las siguientes preguntas para identificar cuáles son dichos mensajes:

1. Haciendo repaso de los actos que tus hijos han visto en ti en torno al dinero y de las conversaciones que has mantenido con ellos sobre este tema, ¿qué mensajes crees que les estás enviando?

2. ¿Qué mensajes crees que les está enviando tu pareja?

3. En caso de que tú y tu pareja no tengáis los mismos comportamientos con el dinero, ¿crees que los chicos podrían interpretar esa diferencia como una contradicción?

Quinto paso: comparar los gráficos

Al igual que has hecho para ti, crea gráficos que representen la relación con el dinero de tus padres y tus hermanos. Para ello, ayúdate de las siguientes preguntas:

1. Describe los mensajes que, durante tu infancia, te enviaron tus padres: ¿qué efecto han tenido estos mensajes en ti?

2. Tus hermanos, ¿han organizado estos mensajes igual que tú?; vuestras personalidades, ¿son similares o difieren en este aspecto?

3. Compara los gráficos de tus padres con el tuyo. ¿En qué se parecen y en qué difieren? ¿Has heredado en tu relación con el dinero aspectos de tu padre y de tu madre, sólo los de uno o has ignorado los de ambos?

Sexto paso: crear un genograma del dinero

Un genograma es una especie de árbol genealógico que se utiliza en el campo de la psicología y que te permitirá identificar patrones familiares en las relaciones en torno al dinero. Antes de explicártelo con más detalle, es conveniente aclarar qué representan algunos símbolos:

☐ Un cuadrado representa a los varones.

○ Un círculo representa a las mujeres.

Si un hombre y una mujer se casan, las figuras que los representan, un cuadrado y un círculo, quedarán unidos por una línea continua; si viven juntos pero no están casados, sus figuras quedarán unidas por una línea discontinua. El divorcio se representa por dos líneas transversales que cortan la línea continua del matrimonio.

Si la pareja tiene hijos, se indicará con una línea vertical, que termina en cuadrado o círculo (hijo o hija), a partir de la línea que une al padre y la madre.

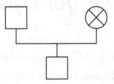

Si alguno de los miembros de la familia muere, se indicará con una cruz en la figura que lo represente.

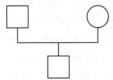

El que figura a continuación es el genograma de Mary y George, una pareja que se casó, tuvo dos hijos (Sam y Cynthia) y se divorció. Luego, George contrajo matrimonio con Janet y fruto de esta relación nació Emily.

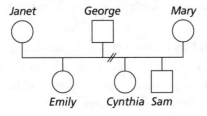

Tras esta breve descripción, la clave es designar qué relación es o era la dominante en cada persona. Para ello, escribe una C (consecución), una U (uso) o una A (administración) en cada círculo o cuadro. Acompaña a cada letra que escribas de un signo más (+), para mostrar que es o era segura, o un signo menos (-), si la relación es o era insegura. Recuerda que la importancia de una relación puede deberse al éxito o al fracaso en un determinado aspecto; de ahí que puedas llegar a tener dos relaciones dominantes, una segura y exitosa, y otra insegura, fuente de ansiedad. En este último caso, escribe en la figura correspondiente ambas letras acompañadas de sus respectivos signos (por ejemplo, U+ y A-). Ya tienes los conocimientos necesarios para crear el genograma que represente las relaciones con el dinero de los miembros de tu familia. Comienza contigo y tu pareja, sigue con tus padres y tus yernos y, por último, tu hijos (sean veinteañeros, adolescentes, o incluso más jóvenes). Si lo consideras conveniente, incluye a tus hermanos en el genograma.

Cuando lo termines, identifica los patrones que más te llamen la atención.

Interpretación del genograma

Elizabeth y Jack es una pareja de mediana edad. Él es un prestigioso cirujano plástico y ella se dedica al diseño de interiores; disfrutan de un buen nivel de vida, vacaciones en Europa, una casa bonita y buenos coches. Tras cuatro años de matrimonio, nació Justin, que ahora tiene veinticuatro años. Elizabeth y Jack están cada vez más preocupados por su hijo; hace poco tuvieron que sacarle de una situación comprometida pues, durante unas vacaciones con sus amigos, Justin había superado el límite de gastos que le permitía su tarjeta. Aún así, sus padres creían que ya era lo suficiente mayor para saber lo que hacía.

Aunque deberían haber creado el genograma de su familia hace años, no sintieron la necesidad hasta ahora..., pero más vale tarde que nunca. Una de las cosas que les hizo ver el genograma fue que, aunque la ansiedad había sido denominador común durante tres generaciones de la familia, no todos los miembros de la familia la habían encarado del mismo modo. Jack, por ejemplo, se crió en una familia con un alto nivel económico; su padre vivía sin preocupaciones pero a su madre le aterraba la idea de que «algún día les faltase algo». Ahora, el uso del dinero, por encima de la consecución y la administración, se ha convertido en la relación más importante de Jack; aunque tiende a ser un gastador compulsivo, pues a menudo se permite «caprichitos», se enoja cuando llegan las facturas y le preocupa el gasto excesivo.

Cuando el padre de Elizabeth murió, siendo ella tan sólo una niña, el estilo de vida de la familia llegó a un punto de inflexión. Elizabeth tiene grabada la imagen de su madre sentada en el comedor, repasando una y otra vez las facturas y haciendo cuentas para poder llegar a fin de mes. Durante años, la dramática escena de su madre apurando un cigarrillo entre sus labios mientras agarraba con fuerza una factura, se convirtió en cotidiana. Ahora, Elizabeth da más importancia a la administración que a las otras dos relaciones, consecución y uso, aunque también es cierto que no es organizada, lo que le provoca inseguridad cuando llega la hora de pagar las facturas.

Al contrario que su madre, Justin es ordenado con sus papeles; es incluso más consumista que su padre, pero a diferencia de éste, sí que tiene razones para sentir ansiedad porque gasta más de lo que tiene.

El genograma de esta familia sería:

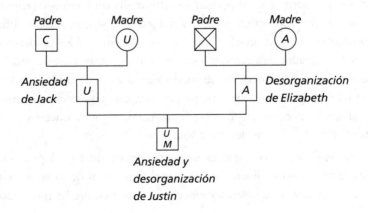

Este genograma abrió los ojos a los padres, pero sobre todo a Justin; pudo comprobar que tenía el mismo patrón de uso que su padre, pero que no podía gastar tanto como él. También se dio cuenta de que su estilo de administración se formó como reacción ante la desorganización de su madre. Tras recapacitar sobre este genograma, Justin se sintió mejor consigo mismo y fue más responsable de sus actos. Como demuestra este ejemplo, un genograma puede ser útil para identificar los comportamientos y las emociones relacionadas con el dinero.

Cambia tus relaciones con el dinero

El primer paso para entender tus relaciones con el dinero es ser consciente de ellas y admitirlas. Sólo así, tú y tu pareja podréis mejorar esas relaciones. Identificando la raíz de las mismas, podréis analizar y hablar sobre vuestros comportamientos. En general, los hijos de padres que son conscientes de sus relaciones con el dinero no suelen tener problemas en ninguna de las tres dimensiones de consecución, uso y administración; pero no sólo eso, tampoco suelen ser chicos engreídos o desmotivados.

Si los padres son conscientes de sus relaciones con el dinero, podrán regular sus comportamientos con el objeto de moderar o eliminar los efectos negativos que estos tengan; podrán identificar sus problemas y centrarse en ellos para actuar consecuentemente. En algunos casos, puede ser suficiente con no hablar sobre los problemas económicos delante de los niños; en otros, el padre y la madre tendrán que esforzarse para llegar a un acuerdo sobre cómo administrar el dinero de un modo lógico y organizado; pero también hay casos realmente complicados, padres que, por una gran inseguridad en torno al dinero, necesitan algún tipo de terapia para sobreponerse a las fobias que han habitado en ellos durante años.

Todas las personas están capacitadas para cambiar y adoptar actitudes más sanas en torno al dinero, incluso en el más difícil de los casos citados. Tenemos una amiga de sesenta y cinco años que siempre ha mostrado gran inseguridad en el uso del dinero. Vivía bien, pero era demasiado parca en sus gastos y se obsesionó con un plan de ahorro para que, a su muerte, sus hijos tuviesen una buena herencia. Esta obsesión irritaba a su marido, pero también a sus hijos, que querían que su madre disfrutase de la vida y que se olvidase del dinero que iba a dejar como herencia. Pero, un día, mientras estaba sentada en el despacho de su abogado, se fijó en un anuncio publicitario que, colgado de la pared, decía: «Volar en primera clase, el capricho de tus hijos».

Aunque bien es cierto que este hecho no fue el único que provocó su cambio psicológico y modificó su conducta, sí que podemos afirmar que el anuncio en la pared fue el catalizador del cambio. A partir de ese día, dedicó más dinero a ella misma y parte de sus ahorros, otrora para sus hijos, ahora fueron dedicados a la caridad. Se dio cuenta de que sus hijos no tenían problemas económicos y que debía aprovechar el dinero para otro tipo de cosas.

El anuncio es una mera anécdota para explicar que todas las personas pueden superar sus comportamientos inapropiados en torno al dinero, aunque estén fuertemente enraizados en su persona. El cambio en los padres será más gradual, no tan dramático, pero no por ello menos efectivo. A continuación, te presentamos varios métodos que te pueden ayudar a cambiar tu relación con el dinero.

Terapia

Si estás muy preocupado por tu relación con el dinero, deberías pensar en visitar a un terapeuta especializado en psicología del dinero. En ocasiones, la decisión de que los padres, hijos o toda la familia asista a la consulta de un terapeuta se dilata excesivamente; se espera a que los niños sufran las consecuencias de los problemas para tomar la decisión; con frecuencia, no se toma esta medida hasta que los niños alcanzan la adolescencia. Aunque todos los terapeutas no son especialistas en esta materia, cualquier profesional de la psicología pedirá a los padres que identifiquen la raíz de los problemas de los hijos; el objetivo es relacionar esos problemas con el comportamiento de los padres.

El caso que vamos a relatar es muy claro en este sentido. Leon es un padre divorciado de cuarenta y cuatro años que tiene dos hijos adolescentes. Comparte con su mujer la custodia, pero los chicos viven con la madre. Es un empresario con éxito que toma decisiones muy acertadas en lo relacionado con la compra-venta de empresas; pero también está muy involucrado con varias organizaciones locales sin ánimo de lucro en beneficio de los niños desfavorecidos.

Cuando Brian, su hijo mayor, cumplió los dieciséis, Leon le regaló un Porsche. Pero esto no extrañó a nadie; este tipo de «detallitos» con sus hijos eran normales en él. Durante el siguiente año, Brian fue detenido en dos ocasiones por conducción temeraria y por conducir bajo los efectos del alcohol. Estos incidentes alarmaron tanto a Leon que decidió asistir a una terapia que pusiese coto a la ansiedad que sentía por su hijo. Las sesiones le sirvieron para empezar a comprender que su vida de empresario (la consecución era la relación más importante para él) había afectado negativamente a sus hijos. Sus constantes viajes y reuniones le habían apartado del hogar, incluso cuando toda la familia vivía bajo el mismo techo. No había dudado en hablarle a sus hijos de sus «grandes logros» y las llamadas de sus socios interrumpían constantemente las conversaciones que tenía con sus hijos. El poco tiempo y atención que dedicaba a sus hijos le hacía sentirse culpable y para remediarlo, les hacía regalos.

Las conversaciones con el terapeuta le abrieron los ojos; solamente compartía una parte de su vida con sus hijos, les bombardeaba con alusiones a la consecución del dinero. Sorprendentemente, los niños desconocían que su padre realizase actos caritativos. A Brian le enojaba que su padre intentase comprar su amor con regalos y no con atención…, y no es que no le gustase tener un deportivo, sino que se dio cuenta de que el coche estaba sustituyendo al amor y a la atención; el resultado fue que exteriorizó su enojo conduciendo temerariamente.

La terapia ayudó a Leon a modificar su conducta hacia sus hijos. El daño estaba hecho pero, a partir de entonces, no hurgó más en la herida. Como ya hemos explicado en el capítulo anterior, la intervención en este tipo de problemas debe ser rápida, la visita al terapeuta no se debe demorar. Los profesionales de la psicología pueden ayudarte a entender qué has hecho para contribuir a los problemas de tus hijos y cómo puedes modificar tu comportamiento para arreglar la situación.

Diálogo

Hablar con tu pareja sobre vuestras relaciones con el dinero, qué efecto tienen o han tenido en vuestro hijo, es un método obvio y efectivo. A pesar de ello, los padres no suelen tener este tipo de conversaciones, ya sea porque no lo consideran necesario o porque no son conscientes de la importancia de estas relaciones.

Aunque el diálogo en sí no soluciona nada, sí que nos puede abrir el camino para arreglar las cosas. Puedes comentarle a tu pareja que intuyes que no estás dando buen ejemplo al chico con tus constantes referencias a la economía familiar.

También puedes utilizar los conocimientos obtenidos en este capítulo para crear genogramas e identificar qué dimensión, la consecución, el uso o la administración, es la más importante para ti. Hemos comprobado que estas conversaciones permiten concienciar a la pareja de que los comportamientos con el dinero están estrechamente ligados al desarrollo de los niños.

Estas conversaciones no deben servir para culpar a nadie. Casi todo el mundo ha tenido problemas con el dinero alguna vez en su vida; acusar de administrador obsesivo a tu pareja no te llevará a ningún lado. A continuación os proponemos algunos temas de conversación:

- Hablad de comportamientos pero no hagáis juicios de valor. Por ejemplo, decid: «No parece que te guste mucho hacer el papeleo del seguro médico», en lugar de: «Estamos perdiendo mucho dinero porque eres muy desorganizado y no envías a tiempo las solicitudes del seguro».

- Hablad sobre el efecto, negativo o positivo, que vuestras relaciones con el dinero están teniendo en vuestro hijo; hablad sobre si los mensajes que estáis enviando pueden llegar a interpretarse como contradictorios.

- Intentad identificar el origen de cada uno de vuestros comportamientos con el dinero. Servíos de un genograma para encontrar el patrón familiar que ha moldeado vuestras relaciones con el dinero y hablad sobre hechos puntuales que han influido en vuestra personalidad económica.

- Hablad sobre cómo puede beneficiar al niño la modificación de vuestros comportamientos; poned el énfasis en los beneficios futuros, no miréis hacia atrás.

Plan de acción

No es necesario que elaboréis un plan de acción, pero sí sería conveniente que anotarais los cambios que queréis experimentar. Sed específicos sobre qué y a partir de cuándo os proponéis cambiar.

Te recomendamos cambios pequeños y factibles..., no vas a cambiar tu personalidad de la noche a la mañana. Céntrate en un comportamiento que consideres negativo y haz algo para modificarlo (en lugar de eliminarlo). Por ejemplo, si tú y tu pareja coincidís en que habláis demasiado sobre el dinero cuando tenéis delante a vuestros hijos, podéis escribir lo siguiente: «Esta semana no voy a hablar sobre el dinero que he ganado». En muchas ocasiones, son sólo pequeños detalles los que hay que evitar.

Pero no te limites a las palabras, también puedes cambiar tus comportamientos. Sin ir más lejos y recordando el ejemplo anterior, Leon podría haber dicho a sus hijos que le gustaba ayudar a los demás. Podría haberse apuntado como voluntario a un programa de ayuda con sus hijos o podría haberles invitado a que se uniesen a él en causas tan nobles.

Una personalidad equilibrada

Lo más probable es que tu personalidad en torno al dinero no sólo sea diferente a la de tus padres, sino también a la de tus amigos y vecinos. Aunque las relaciones con el dinero sólo tienen tres dimensiones, sus variaciones pueden ser infinitas. Por ejemplo, en cuanto al uso, una persona puede ser mísera y otra un manirroto. Jill podría ahorrar todo el dinero que ganase; Jane podría ser muy parca en gastarse el dinero en unas cosas, pero no en otras. Jill podría ser un administrador riguroso, mientras que Jane podría no ser rigurosa, precisamente, en este aspecto; además, Jill podría hablar frecuentemente sobre la necesidad de ahorrar y Jane no hablar en absoluto de ese tema. Jill podría sentir ansiedad por su miseria, mientras que Jane podría aceptar su manera de comportarse.

Una personalidad no es «mala» por el mero hecho de que sea diferente. Nadie es perfecto y todos decimos y hacemos cosas que no deberíamos. No tienes que cambiar tu personalidad, sino los rasgos más extremos de tu forma de ser y su exteriorización cuando están los niños alrededor.

Quieres regular tus relaciones con el dinero para situarte en el medio de las tres dimensiones. No quieres pasarte ni quedarte corto. Precisamente el equilibrio es la clave.

4

El valor de los valores

Dos amigos nuestros y su hija, Louisa, organizan anualmente una fiesta para celebrar la llegada de las vacaciones en la que no reparan en gastos; adornan la casa y la comida que sirven es exquisita. Cuando llegas a su casa, te recibe un mayordomo y cada invitado le da un regalo sin envolver a un hombre vestido de Santa Claus, quien lo deposita en una caja; son muchas las cajas que se llenan durante la fiesta.

El objeto de estos regalos sin envolver se explica en la invitación:

> Nuestra familia está bendecida, es verdad,
> nos sobra hasta un poquito de bondad.
> Con los regalos que a mi me entregarás
> a niños maltratados agasajarás.
> Un muñeco, un suéter o unas zapatillas
> vendrá a los pobres de mil maravillas.
> El regalo que me entregues les llevaré
> y con tu bondad felices les haré.
> Regalos sin envolver tan apreciados serán
> que sonrisas en sus caras te devolverán.
> Gracias por la ayuda que
> prestas a las madres
> y niños maltratados...

Pero a continuación te relatamos la historia de otra fiesta muy distinta. Recientemente, apareció en el periódico un artículo en el que se podía leer que el precio medio de una bolsita de golosinas para el cumpleaños de un preescolar en un vecindario acomodado de Los Ángeles superaba los veinte dólares. Estas bolsitas, que contienen productos baratos, como cuernos de plástico y chicles, se han convertido en objeto de competición entre las madres. En este artículo una madre explicaba: «Los niños recuerdan qué se les da y si les ha gustado y si quieres competir, tienes que ser original. No me hace mucha gracia, pero no tienes elección». Otra madre, que se había gastado setecientos dólares en bolsitas de golosinas para el cumpleaños de su hijo de cuatro años decía: «Los chicos se contentarían con unas simples gominolas, pero aquí estoy yo y así hago las cosas».

Reflexione sobre estos dos tipos de fiesta, piense en los valores que, respecto al dinero, denotan una y otra. Louisa está aprendiendo el valor de «suficiente»; en la invitación, reconoce su bienestar y manifiesta una honda preocupación por los más necesitados; es la fiesta de la caridad, y se celebra recogiendo regalos donde más hay para llevarlos hasta donde más se necesitan. La luz que desprenden los buenos sentimientos de invitados y anfitriones no desmerece del brillo que reflejan las joyas de los presentes y los adornos de la casa.

Qué abismo tan enorme el que media entre esta fiesta y la otra, donde el valor más profundo es «devorar» golosinas; en esta última, el concepto de «demasiado» ocupa el vacío que deja la caridad, el exceso se convierte en norma y el saber estar deja su lugar a la extravagancia. No es difícil imaginar el futuro de estos chicos..., rivalizando en metros cuadrados o en centímetros cúbicos. Para ellos, compartir no será más que una sucesión de letras, porque cuando eran pequeños nadie les enseñó que ellos tenían más de lo que necesitaban.

Es probable que estas madres de Los Ángeles no sepan que, con este tipo de celebraciones, están sembrando la semilla del egoísmo y la avaricia en sus hijos; les aterraría saber que con estas bolsitas «tan monas» no sólo no están demostrando el amor que sienten por sus hijos, sino que además están distorsionando ese caudal de buenos valores que, seguramente, aprendieron en su infancia y que tratan ahora de inculcar a sus hijos.

No lo olvides, la prosperidad es un arma de doble filo. Por sí misma, la riqueza no daña a los niños; es cuando la riqueza no va acompañada de una reflexión basada en buenos valores cuando puede llegar a ser psicológicamente destructiva. Cuando hablamos de los estadios del desarrollo del niño y de las relaciones con el dinero, enfatizamos la importancia de que tus comportamientos fuesen muy pensados; en otras palabras, tenías que estar seguro de los mensajes que estabas enviando a tu hijo en lo referente al dinero. En ocasiones, no es fácil identificar estos mensajes porque no pensamos o analizamos exhaustivamente muchas de las interacciones que tenemos con los niños. La mayoría de nosotros no nos planteamos preguntas como: «¿Qué mensaje le enviaré a Janie si digo X en lugar de Y?»

Siendo conscientes de nuestros valores, daremos un paso de gigante para inculcar buenos valores sobre el dinero a nuestros hijos. En lugar de dejar que nuestras difíciles relaciones con el dinero contaminen los valores que intentamos inculcar a nuestros hijos, deberíamos centrarnos en nuestras creencias más sagradas, nuestra fe en la honestidad, la verdad, la justicia, la igualdad, y asegurarnos de que estos valores se reflejan en nuestros comportamientos con el dinero. Para identificar qué valores tienes respecto al dinero, tendrás que fijarte en los valores que atesoras como persona y como padre.

¿Qué es un valor?

El sociólogo Milton Rokeach sugiere que un valor representa un resultado que la persona cree importante, no ahora, sino a largo plazo.

Los valores permiten moldear tu comportamiento y te ayudan a responder preguntas difíciles; te ayudan a decidir qué hacer o decir en situaciones complicadas. Imagina que vives en una comunidad con preciosas vistas a una colina, verde y sin edificar; en realidad, fue este paisaje el que te movió a comprar una casa allí. Sin embargo, no te gusta la homogeneidad que reina en tu comunidad. Te gustaría que tus hijos viviesen en un sitio en el que estuviesen representadas personas de otras razas y de otras condiciones sociales. Un buen día se hace público que una inmobiliaria va a construir viviendas económicas en la colina. Aunque el precio de las viviendas atraería a personas de otras razas y condiciones sociales, la construcción estropearía las vistas y dañaría al, ya de por sí, frágil equilibrio ecológico de la zona.

Tomar una decisión en esta situación no es fácil. Si te muestras a favor de la construcción, perderías las vistas. Si te alineases en contra, estarías traicionando tus sólidas creencias en la diversidad. Para complicar más las cosas, no puedes negar tus ideas ecologistas y sabes que las viviendas destruirían el entorno; también estás preocupado por el aumento del índice de delitos que, en ocasiones, acompaña a las casas económicas. Si no tienes identificados tus valores, es posible que no sepas qué hacer o, lo que puede ser peor, hacer algo incongruente con tus valores.

Victor Frankl es un neurólogo y psicoanalista austriaco que ha centrado su obra en este tema de los valores. En su autobiografía, *Man's Search for Meaning*, nos cuenta cómo se apoyó en el acicate de sus sólidos valores para sobrevivir en el horror de los campos de concentración. Según este escritor, la respuesta a los desafíos que nos plantea la vida «debe consistir no en hablar y meditar, sino en buenas acciones y una conducta recta. En definitiva, la vida consiste en aceptar la responsabilidad de encontrar las respuestas adecuadas a los problemas y completar las tareas que se nos presentan continuamente».

Frankl enfatiza la idea de que los valores deben ser los criterios en los que deberíamos basar nuestra vida; son los únicos que nunca fallan, siempre están ahí cuando los necesitas. No se limitan a guiar a la persona, también le proporcionan una felicidad basada en valores. Como padres y consejeros nos hemos dado cuenta de que las personas que viven de acuerdo con sus valores disfrutan más de su vida. Y quizá más importante, los niños que viven de acuerdo con sus valores son más conscientes de su identidad; pueden valorar sus logros y responder a la pregunta: «¿Qué clase de persona soy?». Inculcando buenos valores a nuestros hijos, les ayudaremos a alcanzar la felicidad basada en valores y les proporcionaremos una brújula que les guiará en los procelosos años que están por venir.

Steven Reiss, psicólogo en la Universidad del Estado de Ohio, ha identificado y definido dieciséis deseos humanos básicos que pueden servir como punto de partida para reflexionar sobre los valores. Aunque la lista de valores podría ser interminable, los dieciséis que te presentamos a continuación pueden servirte para empezar a pensar en los tuyos; entre ellos podrás identificar a los que das más importancia en el terreno intelectual, emocional y del comportamiento. Sin claridad de valores, podemos inculcar a nuestros hijos, de un modo inconsciente, valores erróneos o contradictorios en relación al dinero. Repasa la siguiente lista que hemos confeccionado basándonos en el trabajo de Reiss, e identifica tus deseos:

Poder–el deseo de influir en los demás

Independencia–el deseo de depender de uno mismo

Curiosidad–el deseo de conocimiento

Aceptación–el deseo de inclusión

Orden–el deseo de organización

Ahorro–el deseo de acumular cosas

Honor–el deseo de ser leal a los padres y a una herencia

Idealismo–el deseo de justicia social

Contrato social–el deseo de compañía

Familia–el deseo de criar a tus propios hijos

Estatus–el deseo de posición social

Venganza–el deseo de desquitarse

Romance–el deseo de sexo y belleza

Comer–el deseo de consumir comida

Actividad física–el deseo de ejercicio

Tranquilidad–el deseo de paz emocional

Los niños aprenden valores de los padres, los maestros, los amigos, los medios y la sociedad. Cuando crecen y van al colegio, empiezan a formarse estos valores; cuando llegan a adultos, ya deberían haber desarrollado su propio sistema de valores. Si los mensajes que nuestros hijos reciben de estos agentes son coherentes, podrán tenerlos como paradigma en la vida diaria; nuestros hijos estarían preparados para elegir y sus comportamientos siempre se atendrían a sus valores. El problema es que son expuestos a valores contradictorios: nuestros esfuerzos por enseñarles la importancia de la moderación pueden entrar en conflicto con los valores que aprenden de sus amigos, en los anuncios de televisión, en las revistas o incluso del presidente de la nación. No podemos prever todas las situaciones con las que se encontrarán nuestros hijos, pero sí podemos inculcarles unos valores básicos que puedan aplicar en situaciones difíciles. Sin estos valores básicos, es muy posible que nuestros hijos tomen las decisiones basándose en la opinión de sus amigos, o en el poder de los medios. Escucharán a sus amigos, verán los anuncios y responderán: «Todos mis compañeros de clase fuman hierba; no puede ser malo» o «Las gafas de sol Porsche Design que cuestan trescientos cincuenta dólares están de moda; las necesito».

Nuestra sugerencia

Reflexiona sobre qué es lo que valoran más tus hijos. ¿Se corresponden esos valores con tus creencias personales?

Nuestro hijo Kevin fue el protagonista de una preciosa historia sobre la toma de decisiones basada en valores, soportando la presión de sus amigos. Por entonces, Kevin era pequeño, vivíamos en una ciudad muy bohemia de California, Venice, cerca de la tienda de Alan, un pequeño supermercado. Un día, a la edad de cinco años, Kevin y Eileen fueron a comprar verduras y Kevin le pidió a su madre una determinada marca de cereales; Eileen se negó, contenían demasiado azúcar. Poco después, vio a Kevin con una caja de cereales abierta y con la boca llena. Eileen llevó a su hijo a la entrada del supermercado y Alan, viendo lo que había ocurrido, explicó a Kevin que su madre no había querido comprar esos cereales pero que ahora tenía que pagarlos: «Tendrás que arreglártelas para devolver el dinero a tu madre»» prosiguió Alan con su explicación a Kevin...; y así fue como el pequeño tuvo que hacer pequeños trabajos en casa como compensación.

Pasaron once años y ahora Kevin trabajaba como acomodador en una sala de cine durante el verano. Un día, mientras limpiaba, se encontró un reproductor de CD y se lo entregó al gerente. Nos contó que sus compañeros le llamaron estúpido, entre otras cosas, pero nosotros le hicimos saber que nos sentíamos orgullosos de su comportamiento y le preguntamos cómo había superado la presión de sus compañeros de trabajo y había decidido devolver el reproductor. Su respuesta fue: «Sé que lo que hice en el supermercado de Alan no estuvo bien. Tampoco hubiese estado bien que me hubiese quedado un reproductor de CD que pertenece a otra persona».

Un valor no es tal si no está acompañado de componentes emocionales, intelectuales y de comportamiento. En otras palabras, aunque creamos emocional e intelectualmente que la honestidad es importante, no será un valor si somos deshonestos en el trabajo.

Esto hay que tenerlo muy en cuenta cuando se trata de inculcar valores a nuestros hijos. Tienen que saber que cuidamos nuestros valores (componente emocional), que reflexionamos sobre nuestras decisiones y consecuencias (componente intelectual) y, finalmente, que actuamos de acuerdo con nuestros valores (componente de comportamiento).

Los niños notan la «hipocresía en valores» antes de lo que puedas imaginar. Durante el proceso de enseñanza de valores no hay nada que sea más destructivo que un padre que predique un valor y que, al mismo tiempo, no lo refleje en su comportamiento.

Puedes hablarle a tu hijo sobre la importancia de ser educado y cortés con los demás, pero ¿qué mensaje le estarás enviando si te ve tratando irrespetuosamente a un dependiente de unos grandes almacenes? Seguro que no te gustaría confundir o decepcionar a tu hijo en este terreno, especialmente en asuntos de dinero.

Tus valores y el dinero

Los valores respecto al dinero son aquellos que están implicados en nuestra relación diaria con el dinero; se basan en las tres dimensiones de consecución, uso y administración. Es en nuestras acciones, más que en nuestras palabras, donde los niños perciben con más nitidez nuestros valores respecto al dinero. Tu hijo puede rechazar o hacer suyos estos valores, pero te garantizamos que no le pasarán desapercibidos.

El dinero puede hacer que tus valores, sean cuales sean, no se puedan percibir con nitidez; puedes considerar la honestidad como un pilar básico en tu vida y al mismo tiempo permitir que tu hijo te escuche cuando le explicas a un empleado el método para engañar a un cliente. La humildad puede ocupar un lugar destacado en tu escala de valores, pero tu forma de gastar puede hacer creer a tu hijo que lo que estás haciendo es «aparentar». Tus continuas quejas sobre el gasto pueden resultar contradictorias con tu generosidad. Para saber cuáles son tus valores respecto al dinero es necesario que, en primer lugar, reconozcas e identifiques tus valores básicos. La prosperidad puede hacer que, en lugar de uno, sean dos los planos que consideremos para nuestros valores, uno específico para los relacionados con el dinero y otro para el resto; esta es la causa de que podamos creer en una cosa y hacer otra muy distinta.

Nuestro buen vivir se nos puede subir a la cabeza y nos puede llevar a tener comportamientos que poco tienen que ver con nosotros. Ese deseo de aparentar delante de todo el mundo, incluidos nuestros hijos, puede ser un comportamiento rechazable para nuestras propias creencias. La prosperidad también puede convertirnos en seres arrogantes con nuestro dinero: basándonos en un equivocado sentido del orgullo, podemos vernos presumiendo constantemente de lo que tenemos.

David Brooks describe este fenómeno en su obra *Bobos in Paradise: The New Upper Class and How They Got There*. *Bobos* son todos esos burgueses bohemios que ganan inmensas cantidades de dinero al año. Estos bobos han desarrollado «un código de conducta financiera» que les permite comprar algo, sea lo que sea, cueste lo que cueste, si ese algo puede ser considerado como una necesidad y no como un deseo. Escribe Brooks: «Alguien puede gastar tanto como considere necesario en algo que pueda ser clasificado como una herramienta de trabajo, como un Range Rover de 65 mil dólares; sin embargo, se consideraría vulgar gastar dinero en algo que no se considera útil, como un Corvette vintage de 60 mil dólares». Brooks analiza: «Una persona que siga estos preceptos puede llegar a gastarse cuatro o cinco millones de dólares al año en lo que ellos consideran cosas útiles y pensar que están haciendo un buen uso del dinero».

Si eres consciente de los valores que aplicas a tu relación con el dinero, permanecerás centrado y en el buen camino; esta conciencia puede evitar que caigas en los mismos errores que los *bobos* de Brooks y te puede ayudar a tomar decisiones difíciles, sobre todo cuando tienen que ver con tus hijos.

Identifica tus valores respecto al dinero

Antes de hablar a los niños sobre el dinero, debemos identificar y clarificar cuáles son nuestros propios valores respecto al dinero. Para comprender este proceso, vamos a ilustrarlo con el ejemplo de una pareja con la que trabajamos recientemente.

Jerry es un empresario de éxito. Susan es pediatra. Llevan casados cinco años y ambos rondan los cincuenta. Los dos tienen hijos adolescentes de anteriores matrimonios. Jerry y Susan comparten la custodia de sus hijos con sus anteriores parejas. Jerry apoya a su exmujer en la educación de su hijo y Susan recibe el mismo apoyo de su exmarido con el suyo. Hace unos años, solicitaron los servicios de Jon para planificar sus herencias. Durante la primera reunión que mantuvieron, Jon les hizo ver que su plan de herencia no debía limitarse a considerar cuestiones de impuestos, sino que sería conveniente que incorporase los valores básicos que, en torno al dinero, tenía la familia. Jon les dijo que para ello debían identificar sus valores respecto al dinero e incorporarlos en una declaración familiar de intenciones que conformase el núcleo del plan de herencia. En el mundo empresarial, las declaraciones de intenciones sirven para que los accionistas, empleados y público en general sepan cuál es el objetivo de una empresa. Una declaración familiar de intenciones va más allá y describe quién eres, qué haces y por qué lo haces. Es decir, define tus valores y qué haces para actuar de acuerdo con esos valores.

Pero a Susan no le entusiasmó la idea; en dos semanas, la familia se iba de vacaciones a Hawai y no tenían tiempo para crear un documento de este tipo; quería un plan herencia sencillo, «por si les pasaba algo durante el viaje». Jerry dijo que lo consideraría y que, a la vuelta, le haría saber a Jon cuál era su opinión al respecto.

Pasaron varios meses hasta que volvimos a saber de ellos; en esta ocasión, querían hablar con nosotros dos. Jerry nos explicó el dilema al que se estaban enfrentando: sus hijos, fruto de anteriores matrimonios, ya habían cumplido los dieciséis. Estos chicos, como no podía ser de otra forma en el Sur de California, estaban sacándose el carné de conducir. La hija de Jerry quería un BMW descapotable y el hijo de Susan se había fijado en un Mazda Miata; ambos chicos esperaban que Jerry y Susan se los compraran. La exmujer de Jerry le dijo a su hija que su padre tenía mucho más dinero que ella y que, en buena medida, era él quien debía comprárselo. Por su parte, el exmarido de Susan hizo creer al chico que él ya lo había criado y que ahora era el turno de su madre.

Susan explicó que se enfrentaban a varios problemas con difícil solución:

- Podían permitirse comprar los coches a los chicos.

- La idea de comprar a los chicos coches tan caros les resultaba ridícula.

- Jerry no quería ser menos que los padres de los compañeros de colegio de su hijo; casi todos habían comprado ya un coche a sus hijos.

- Tanto a Both como a Susan les molestaba el engreimiento de sus hijos.

Recordaron lo que Jon les comentó el año pasado sobre la importancia de identificar y clarificar sus valores respecto al dinero y sobre la creación de una declaración familiar de intenciones. Sentían curiosidad sobre qué era eso de la identificación de valores y sobre si este paso les podía ayudar a tomar una decisión sobre el asunto de los coches.

Les explicamos que fueron tres psicólogos en los años sesenta, Louis Raths, Merrill Harmin y Sidney Simon, quienes profundizaron más en este tema; para ello, desarrollaron un proceso de tres etapas: «Identificación», «Elección» y «Actuación». Estas tres etapas han recibido otros nombres, como en la excelente obra *What Matters Most*, en la que Hyrum W. Smith y Ken Blanchard se refieren a estas tres etapas con los términos «Descubrir», «Planificar» y «Actuar».

Reciban el nombre que reciban, estas tres etapas identifican tres acciones:

1. Identificar qué nos importa del dinero.

2. Seleccionar entre alternativas.

3. Actuar en relación a nuestros valores sobre el dinero.

Este proceso no te muestra cuáles deberían ser tus valores respecto al dinero, sino que es educativo: te ayuda a identificarlos y articularlos. Una vez identificados estos valores, estarás en posición de decidir si son útiles o contraproducentes para tu vida y si, en consecuencia, necesitas o no cambiarlos.

Nuestra sugerencia

Piensa en alguna situación, relacionada con tus hijos, que te enfrentase a un conflicto de valores: ¿la resolviste apegándote a tus valores o haciendo lo que tus hijos querían?

Primera etapa: Identificar qué nos importa

El primer paso para reconocer nuestros valores respecto al dinero consiste en identificar o descubrir qué nos importa realmente del dinero. En esta fase tendremos que identificar y comprender el papel que juega el dinero en nuestras vidas.

Le comentamos a Jerry y Susan que habíamos elaborado un proceso de cuatro pasos para ayudar a nuestros clientes a superar esta etapa. Las parejas completaban los tres primeros pasos por separado y el cuarto juntos.

Primer paso: hacer una lista que detalle qué importancia tiene el dinero para nosotros. Para identificar qué significaba para ella el dinero, Susan hizo la siguiente lista (1) seguridad, (2) ausencia de preocupaciones, (3) oportunidades para nosotros y nuestros hijos, (4) saber que tenemos suficiente, y (5) posibilidad de donar; la de Jerry incluía (1) seguridad, (2) indicador de estatus social, (3) consecución del dinero como un juego, (4) control de mi entorno y, por último, (5) filantropía.

Segundo paso: hacer una lista de lo que queréis que aprenda vuestro hijo sobre el dinero. Es curioso comprobar que, con frecuencia, hay una gran diferencia entre qué representa el dinero para vosotros y qué os gustaría que representase para vuestro hijo. La siguiente lista de Jerry es un caso de lo anterior: (1) no temer al dinero, (2) considerar al dinero una herramienta, ni buena, ni mala, (3) aprender que ganar el dinero no es un juego, (4) ser filantrópico y (5) administrar el dinero con cabeza. Susan quería que sus hijos supiesen (1) que el dinero no es lo más importante, (2) que el dinero no es bueno ni malo; lo importante es lo que hace uno con el dinero, (3) cómo administrarlo bien, (4) cómo adaptarse a sus medios, (5) cómo usar el dinero inteligentemente, (6) cómo conseguían y gastaban el dinero y, por último, (7) cómo donar el dinero.

Tercer paso: completar las frases. Tras confeccionar estas listas, les invitamos a que las utilizasen para completar las frases siguientes, tantas como pudieran. Les recordamos que este paso no debía realizarse en común; se trataba de un trabajo individual; les pedimos que ignorasen aquellas frases que no fuesen aplicables a su caso. Por último, les advertimos que se tomasen su tiempo, ya que podría llevarles minutos, horas o días. A continuación, te mostramos cómo completaron las frases cada uno de ellos.

● He aprendido que ...

> **Susan:** *«Lo que más me preocupa es que mi hijo sepa cómo usar el dinero».*
>
> **Jerry:** *«Nunca me he preocupado por el efecto que podían tener en mi hijo mis valores respecto al dinero».*

● Hasta ahora no me había dado cuenta de que...

> **Jerry:** *«Poseo valores respecto al dinero que son muy diferentes a los que me gustaría que mi hijo tuviese de mayor».*

● Me entristece el hecho de darme cuenta de que...

> **Jerry:** *«Comparo el dinero a un juego y no me gustaría que mis hijos tuviesen la misma concepción».*

● Creo que el dinero...

> **Jerry:** *«No debería constituir la base para juzgar a las personas».*
>
> **Susan:** *«Nos expone a circunstancias desafiantes».*

● Lo que me alegro más de haber comprado es...

> **Jerry:** *«Mi casa».*
>
> **Susan:** *«Un viaje a Europa cuando tenía veintiún años».*

● Lo más difícil de ser próspero es...

> **Jerry:** *«Saber qué puedo dar a mis hijos sin llegar a malacostumbrarlos».*
>
> **Susan:** *«Distinguir las necesidades de los deseos de mis hijos; saber cuándo dar y cuándo no».*

● Lo mejor de ser próspero es...

> **Susan:** *«La seguridad que proporciona y no tener que preocuparse por el dinero».*

- Si me sobrase una gran cantidad de dinero, me gustaría...

  Jerry: «*Invertirlo*».

  Susan: «*Saldar la hipoteca y donar el resto*».

- Un valor que me estoy esforzando en conseguir es...

  Susan: «*Administrar el dinero con más eficacia*».

- En relación al dinero, una cosa que ya he empezado a hacer es...

  Jerry: «*Dejar de considerarlo como un juego*».

  Susan: «*Interesarme más por saber dónde van nuestros ingresos discrecionales*».

- Estoy orgulloso de usar el dinero para...

  Jerry: «*Ayudar a los demás*».

  Susan: «*Ayudar a los demás y pagar la educación de mis hijos*».

- Ahorro dinero parar...

  Jerry: «*Invertir*».

  Susan: «*Viajar*».

- Me niego a gastar el dinero en...

  Jerry: «*Lujos caros*».

  Susan: «*Permitirme muchos lujos*».

Cuarto paso: desarrollar una filosofía de vida en relación al dinero. Jerry y Susan completaron los tres primeros pasos por separado. Ahora, les pedimos que trabajasen juntos para desarrollar una filosofía en relación al dinero que fuese válida para toda la familia. Ésta es la declaración de intenciones a la que Jon se refirió en su primera entrevista con la pareja. Les invitamos a que se intercambiasen los ejercicios que habían realizado hasta el momento, las listas y las frases, y que las utilizasen para dialogar sobre sus valores respecto al dinero y sobre el papel que juega el dinero en cada una de sus vidas. Después, les pedimos que aprovechasen ese diálogo para escribir una breve descripción del papel que les gustaría que el dinero jugase en la vida de su familia. Les dijimos que no se trabaja de escribir una novela, sino más bien un párrafo que reflejase sus valores como pareja. El resultado fue:

> Nos gustaría que nuestra prosperidad nos diese la oportunidad de ayudar a nuestra familia y a otras menos favorecidas. Nuestra familia debe ser consciente de que no nacimos con el don de la prosperidad. La buena suerte, estar en el lugar adecuado en el momento adecuado, ha jugado un papel tan importante como la educación y el trabajo. En cuanto a los demás, debemos ser conscientes de que los necesitados no han nacido predestinados para ser pobres. La mala suerte les ha podido jugar una mala pasada.
>
> Nos gustaría administrar nuestra prosperidad con prudencia. Esto no significa que nos convirtamos en unos míseros o que estemos siempre pensando en nuestra riqueza; significa que debemos pagar las facturas en su momento, «vivir bien» dentro de nuestras posibilidades y ahorrar para nuestra jubilación y para invertir. Para lograr todo esto, nuestra familia debe considerar al dinero una herramienta, no un objetivo. Tenemos que desmitificar el dinero, para que, a la hora de la cena, hablemos de asuntos económicos, como lo hacemos de política, deporte y otros temas. En cuanto a los demás, debemos darnos cuenta de que nuestra prosperidad nos permite no sólo ofrecer nuestro dinero a los más necesitados, sino también nuestro tiempo.

Segunda etapa: Elegir entre alternativas

Tras haber establecido una filosofía sobre el dinero válida para toda la familia, Jerry y Susan ya estaban preparados para pasar a la segunda etapa del proceso: elegir entre alternativas. Una vez identificados los valores, ¿cómo podemos elegir entre ellos? En ocasiones, nos vemos en la circunstancia de tener que elegir entre valores que, en un plano abstracto, son igual de importantes: ¿donamos dinero a nuestro colegio o a nuestra iglesia o sinagoga?

¿Qué es más importante: gastar el dinero en unas buenas vacaciones u optar por unas vacaciones más económicas y donar el resto a una fundación para la educación de niños?

La segunda etapa cobra una importancia vital en la educación que, en torno al dinero, reciben nuestros hijos. Para muchos chicos no resulta obvio el hecho de que existen alternativas. Tienden a creer que las situaciones sólo tienen un curso de acción, aunque, efectivamente, existan otras opciones o salidas. Si no aprendemos a contemplar las alternativas cuando somos niños, cometeremos los mismos errores cuando seamos adultos. Es posible que en alguna ocasión haya dicho: «¡Ojalá lo hubiese pensado antes!» Muchos niños también tienen este problema, no distinguen entre alternativas en términos de resultados potenciales; o lo que es lo mismo, suelen elegir entre alternativas basándose en las consecuencias inmediatas, sin considerar los efectos a largo plazo. Si un niño está ahorrando para comprarse un juguete, gastar el dinero en caramelos le proporcionará un placer inmediato, pero desbaratará sus objetivos a largo plazo.

Nosotros utilizamos los que denominamos *Tabla de alternativas* para ayudar a nuestros clientes a elegir entre dos valores similares. Esta tabla te puede ser útil para enseñar a tus hijos a elegir entre opciones. Pedimos a Jerry y a Susan que repasasen las listas que habían creado con los valores respecto al dinero que deseaban impartir a sus hijos, y que identificasen aquellos valores que tuviesen alguna relación con el capricho de los coches. Tras ojear los valores que deseaban impartir a sus hijos Susan y Jerry contestaron que había dos valores que tenían relación: vivir dentro de sus propias posibilidades y administrar su dinero prudentemente. Les sugerimos que creasen una *Tabla de alternativas* de cuatro columnas, con los encabezados «Alternativa», «Lo intentaré», «Lo consideraré» y «No, gracias». En la columna «Alternativa» escribirían todas las respuestas que se le viniesen a la cabeza ante la petición de un BMW descapotable y un Mazda Miata que le hicieron sus hijos. No importa que algunas de las alternativas no tuviesen sentido. Luego, escribirían sus nombres en alguna de las columnas de la derecha. «Lo intentaré» significa que Jerry o Susan se decantan por esa alternativa sin contemplar otras. Por «Lo consideraré» se entiende que no les gusta esa alternativa, pero que les gustaría hablar sobre el tema. Por último, «No, gracias» significa: «por encima de mi cadáver». La *Tabla de alternativas* te ayuda a decidir qué comportamientos con el dinero son los apropiados para tu familia. Le pedimos a Jerry y a Susan que fuesen tan específicos como pudiesen y les sugerimos que mostrasen la tabla a los chicos para que conociesen el proceso de selección de alternativas que habían realizado. La tabla no tardó en tener este aspecto:

Tabla de alternativas

Alternativa	Lo intentaré	Lo consideraré	No, gracias
Comprar los coches; nos lo podemos permitir.		Jerry	Susan
Comprar los coches; no queremos ser menos que otros padres.			Susan y Jerry
Decir que no y no comprarles nada.			Susan y Jerry
Decir que no y comprarles coches más baratos.		Susan y Jerry	
Decir que no y darles suficiente dinero para que pudiesen optar entre comprarse coches más baratos o ahorrar para comprarse coches más caros.	Susan y Jerry		

La *Tabla de alternativas* es un medio muy eficaz para dirimir situaciones específicas en las que el problema de fondo sean los valores respecto al dinero.

Tercera etapa: Actuar

La última etapa en la definición de valores consiste en actuar en consonancia con los valores que uno tiene. Basándose en el trabajo que habían realizado en las dos anteriores etapas, Susan y Jerry llegaron a las siguientes conclusiones. Primero, creían razonable ayudar a los chicos a comprarse un coche (un valor respecto al dinero). Segundo, tenían claro que un coche pequeño no era lo más adecuado para alguien que está empezando a conducir. El primer coche de los chicos debería tener un peso considerable y no podía ser, bajo ningún concepto, un descapotable (un valor general). Tercero, decidieron dar a cada uno quince mil dólares que podían utilizar para comprarse un coche que cumpliese las características de seguridad que se establecieron en el punto anterior. Luego, se reunieron con sus hijos y les ayudaron a contemplar algunas alternativas: comprar un coche de segunda mano con sus quince mil dólares, pedir la colaboración de su madre, en el caso de la hija de Jerry, o de su padre, en el caso del hijo de Susan, o trabajar durante el verano y ahorrar para poder comprarse coches más caros que cumpliesen con las características de seguridad que establecieron los padres.

A Jerry y a Susan se les presentó una situación en la que el problema radicaba en los valores relacionados con el dinero: ¿debían comprar coches a sus hijos de dieciséis años? Sin embargo, no todos los problemas de este tipo son tan evidentes ni tienen una solución tan sencilla. Por ejemplo, podrías estar preguntándote si, en general, tu estilo de vida es coherente con tus valores respecto al dinero y si estás enviando los mensajes adecuados a tus hijos. En estas situaciones, hay dos técnicas que te pueden ayudar: la *Tarta del dinero de la vida* y el *Diario del dinero*.

La Tarta del dinero de la vida. Este gráfico representa tus comportamientos con el dinero. Es una buena herramienta de aprendizaje que te permitirá comprobar si tus comportamientos con el dinero son coherentes con tus valores. También puedes aplicar este gráfico a tus hijos para ayudarlos a evaluar sus comportamientos con el dinero y sus valores.

4. El valor de los valores

Si ya te ayudas de un ordenador para organizarte y pagar facturas, imprime un gráfico de tarta que organice por categorías tus gastos del año pasado. Si no utilizas un ordenador, repasa tus recibos y dispón tus gastos en categorías: hipoteca, coches, vacaciones, películas... Suma las categorías y dibuja un círculo en un papel. Debería parecerse al gráfico que aparece a continuación.

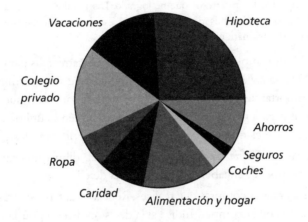

La Tarta del dinero de la vida

La *Tarta del dinero de la vida* representa esquemáticamente a qué dedicas el dinero. ¿Estás satisfecho? ¿Quieres cambiar el tamaño de las porciones? ¿Necesitarías agregar o eliminar alguna porción?

El Diario del dinero. En el capítulo tres ya compartimos contigo un fragmento de una carta que recibimos de Alan y Marisa. En esa carta, Marisa también nos contaba:

> Utilizamos un cuaderno para registrar nuestros gastos, nuestros ingresos o la administración de nuestras posesiones. Disponemos una columna para cada categoría y después vamos agregando los pensamientos u opiniones que vamos teniendo.

Este proceso me ayuda a discernir entre mis emociones y aquello que de alguna manera me condiciona (como *gastar* frente a *no gastar*). Me permite compartir mis ideas y es un buen lugar para reflejar cualquier cosa relacionada con el dinero. Como estoy intentando cambiar, nuestras reuniones me ofrecen el espacio necesario para fijarme en qué está ocurriendo y qué estamos haciendo; luego, puedo continuar modificando mis comportamientos y comprobar los progresos que he logrado. Las reuniones me ayudan a dar forma a mis ideas sobre el dinero, en lugar de actuar bajo mis condicionamientos.

Alan y Marisa empleaban una de las mejores herramientas para identificar valores: El *Diario del dinero*. Éste es otro gráfico que nos permite saber si nuestros comportamientos con el dinero son congruentes con nuestros valores; se suele usar para grandes compras, aunque también es útil para cualquier tipo de gasto. Tú eres quien decide qué se entiende por «grandes».

Para crear un *Diario del dinero*, toma un papel, dibuja una tabla de seis columnas y escribe un encabezado en cada una de ellas.

Anota las grandes compras que realices. Refleja en la tabla si estás contento o decepcionado con la compra. Indica si la decisión de comprar la tomaste tú mismo o tras hablar con personas que ya poseían el producto. En la sexta columna, anota los valores respecto al dinero que representa la compra. Si compraste un producto rebajado, podrías anotar la moderación como valor respecto al dinero; por el contrario, si la pésima calidad de un producto te ha decepcionado, el valor respecto al dinero que deberías traer a colación es gastar responsablemente.

¿Qué has aprendido sobre ti mismo y sobre tu relación con el dinero? ¿Cómo afecta el dinero a tu modo de vida?

El *Diario del dinero* también puede ser muy útil aplicado a los niños, especialmente si lo utilizas conjuntamente con la *Tarta del dinero de la vida*. Combinados, podrían convertirse en un proyecto familiar continuo utilizado para controlar grandes compras, como coches, ordenadores, vacaciones y evaluar grados de satisfacción. Estos dos gráficos son también muy válidos como técnicas para hablar con tus hijos sobre su uso del dinero.

El Diario del dinero

Compra	Precio	Contento con lo que he comprado	Decepcionado con lo que he comprado	Solo o con otros	Valor respecto al dinero

Como broche final, nos gustaría que creases una escala que representase los valores que, en torno al dinero, tiene tu familia; esta escala permitirá a tus hijos identificar sus propias relaciones con el dinero. En el capítulo anterior explicamos las tres dimensiones de tus relaciones con el dinero: consecución, uso y administración. Vamos a modificar un poco estas relaciones para que los niños las entiendan bien.

Dibuja tres líneas paralelas en un papel. Las tres líneas y el texto debe ser como el que aparece a continuación:

No necesita mucho		Necesita mucho
	Conseguir	
Acumular		Gastarlo todo
	Usar	
Muy preocupado		Descuidado
	Administrar	

Pídele a tus hijos que se ubiquen a sí mismos en cada una de las líneas anteriores. Explícales que un niño que *siempre* siente o actúa del mismo modo se ubicará en los extremos derecho o izquierdo de cada línea. La mayoría de los niños suelen tender hacia un extremo, pero no sienten o actúan *siempre* del mismo modo. Diles que sólo deberían ubicarse en el medio si sus sentimientos y actos tienden aproximadamente con la misma frecuencia a situarse tanto a la derecha, como a la izquierda; si no es así, deberían reflejarlo situando su posición cerca del extremo al que tienden. Su posición se acercará más a un extremo cuanto más tiempo sienta o actúe de ese modo.

Los chicos pueden conseguir dinero de muchos modos; pueden recibir asignaciones semanales, recibir dinero en lugar de regalos, ganar dinero por realizar pequeños trabajos en casa; además, los mayores pueden desarrollar trabajos a tiempo parcial, como repartir periódicos o cuidar niños.

Algunas familias disponen de un dinero que los niños pueden utilizar bajo ciertas normas.

En un extremo de la línea «conseguir» tendríamos a un niño que *siempre* siente que no necesita mucho dinero; en el extremo opuesto estaría el chico que *siempre* siente que necesita mucho dinero.

No todos los niños usan el dinero del mismo modo. En un extremo de la línea tendríamos al niño que siempre deposita su dinero en un cerdito; en el extremo opuesto estaría el chico que gasta el dinero en cuanto lo consigue.

Tampoco cuidan el dinero del mismo modo. En un extremo de la línea tendríamos al niño que no sabe sacar provecho del dinero o que no puede explicar en qué se le ha ido el dinero; en el extremo opuesto estaría el niño que controla minuciosamente su dinero.

Con este ejercicio, tus hijos, desde bien pequeños, podrán identificar sus relaciones con el dinero y empezarán a pensar en el papel que juegan sus valores en cada una de las dimensiones.

Nuestra sugerencia

La próxima vez que tu hijo reciba lo que tú consideres una suma sustancial de dinero, presta atención a cómo lo usa y administra.

Tiempo bien aprovechado

En este capítulo has podido encontrar varias técnicas y herramientas de las que te puedes servir para identificar tus valores respecto al dinero. Puede que te parezcan demasiadas. Es posible que ya hubieses definido correctamente tus valores generales, y que ya sepas qué efecto tienen sobre tus valores respecto al dinero. También puede que no necesites pasar por todas las etapas y pasos aquí descritos con algunos te podría resultar suficiente. Sin embargo, nos hemos dado cuenta de que muchos de nuestros clientes y amigos están confusos en este asunto. Como ya hemos comentado, en ocasiones las personas prósperas no son conscientes de que sus comportamientos con el dinero no están en consonancia con sus valores.

Recuerda que algunos aspectos psicológicos relacionados con el dinero no son muy evidentes, pero existen. Aunque en otros muchos aspectos de la vida nuestras acciones sean congruentes con los valores que tenemos, cuando llega el momento de conseguir, usar y administrar dinero, esa congruencia puede desaparecer. Es crucial que sepamos que no estamos siendo consecuentes y que sepamos dar los pasos para encontrar de nuevo esa congruencia perdida; por ello, nos permitimos decir que cuantas más herramientas tengas a tu disposición para identificar y ajustar tus valores, mejor. Estas técnicas y herramientas también te serán útiles para hablar con tus hijos, el tema del siguiente capítulo.

5

Dialogar con tus hijos
sobre el dinero

Cuando te dirijas a tu hijo para hablarle del dinero, no lo hagas despreocupadamente, sé consciente de lo que estás diciendo.

El efecto de tus palabras variará dependiendo del estadio de desarrollo en el que se encuentre inmerso tu hijo. Además, aunque no lo creas, tu relación con el dinero, en términos de consecución, uso y administración, impregnará todo lo que digas; así, un padre que gasta de manera compulsiva el dinero que gana, no enfocará este diálogo del mismo modo que uno cuyo único objetivo sea ganar más y más dinero. Descubrir cuáles son tus valores en relación con el dinero puede tener un profundo impacto en la manera que tengas de hablar sobre él: aprender a hablar de dinero de una manera acorde con los propios valores no es una tarea fácil para los padres.

Pero no te asustes, no te pedimos que hagas listas de valores, de estadios de desarrollo y de relaciones con el dinero; simplemente te sugerimos que consideres estas tres variables y, sobre todo, que seas consciente del efecto que pueden llegar a tener las palabras que diriges a tu hijo; si logras concienciarte de la importancia de elegir bien tus palabras, tu hijo tendrá más posibilidades de recibir el mensaje apropiado. Nuestro propósito con el presente capítulo es conseguir que la comunicación entre tú y tu hijo sea más fluida y honesta, justamente ahora que estás a tiempo de prevenir los problemas financieros y emocionales que puedan surgir en el futuro.

Un tema complejo: el dinero no es un tema que puedas aislar

A algunos padres les resulta complicado hablar a sus hijos sobre el dinero; no en vano, más de uno nos ha llegado a comentar que encuentran más sencillo hablar sobre cualquier otra cosa que sobre este tema. En su libro, *Your Money, Your Self*, Arlene Modica Matthews intenta explicar por qué evitamos hablar del dinero; para ello, nos da varias razones:

- Los modales y costumbres de los muy adinerados suelen extrapolarse al resto de personas. Como a los ricos nunca les ha gustado hablar sobre el dinero, toda persona educada que se precie evitará este tema.

- La superstición de que hablar sobre dinero trae mala suerte.

- Para no sentirnos avergonzados. Se preguntará, ¿por qué he de sentirme avergonzado por hablar de dinero? Para responder a esta pregunta, Matthews nos pide que reflexionemos sobre el significado de expresiones como «estar podrido de dinero», «nadar en dinero» o «el vil metal».

- Como tenemos asociado el dinero a nuestra imagen y a la autoestima, evitar el tema nos evade de nosotros mismos.

Estés o no de acuerdo con estas razones, tú puedes ser uno de esos padres con poca disposición a hablar a tus hijos sobre el dinero. Si evitas continuamente el tema, estarás haciendo un flaco favor a tus hijos... y es que ellos necesitan de tus palabras para aprender a administrar el dinero y sortear la trampa de las actitudes poco sanas.

Hace algunos años, realizamos una encuesta entre expertos en terapia de familia a quienes acudían padres preocupados por la inmadurez, irresponsabilidad y desmotivación de sus hijos adolescentes o adultos. Uno de los encuestados nos respondió con las siguientes palabras: «A los clientes que acuden a mi consulta con problemas de hijos desarraigados, vagos o incapaces de desarrollar sus habilidades siempre les digo lo mismo: yo no puedo hacer ahora lo que vosotros deberíais haber hecho hace años, cuando vuestro hijo era un crío».

Desgraciadamente, el silencio no es el único pecado que suelen cometer los padres en este asunto. Los padres que, efectivamente, hablan con sus hijos sobre el dinero deben saber que se trata de eso, de dialogar, y no de dar una conferencia; no serías el primero que empieza con buen pie una conversación sobre el dinero, dialogando con tus hijos, y termina impartiendo una lección magistral con frases como «El dinero no crece en los árboles», «¿Es que te crees que tengo una máquina de hacer dinero?» o «Cuando yo tenía tu edad caminaba doce kilómetros todos los días...», no eres un profesor que enseña lecciones a los alumnos, sino un padre que dialoga con su hijo. Ten en cuenta que, al igual que tú a su edad, tu hijo «desconectará» en cuanto tomes este enfoque. Para que permanezcan atentos e intervengan, la conversación debe ser viva, real; olvídate de los sermones bienintencionados.

Ten presente que, consciente o inconscientemente, estás enviando mensajes sobre el dinero a tus hijos continuamente. Tus actos y tu lenguaje corporal moldean en ti actitudes que afectarán a los valores que, respecto al dinero, desarrollarán tus hijos; gastar compulsivamente, obsesionarse con el ahorro y con el presupuesto o hablar de ganar más y más dinero, son comportamientos que afectarán, con toda seguridad, a los valores de tus hijos; no pienses ni por un momento que evitando el tema no harás daño a tu hijo, más bien conseguirás todo lo contrario.

Pero también hay padres que creen que dialogar con sus hijos sobre el dinero es un asunto complicado. A continuación, te proponemos varias preguntas para que evalúes tu capacidad para ofrecer respuestas airosas y eficaces:

- ¿Te costaría decirle a tu hijo cuánto dinero ganáis entre tú y tu pareja, y cuál es vuestra riqueza neta?

- ¿Te importaría que tu hijo le dijese a sus amigos y a los padres de sus amigos cuánto dinero ganas o tienes?

- ¿Sabrías qué decir si tu hijo te pidiese algo porque sabe «que te lo puedes permitir»?

- Cuando tu hijo te cuenta que a todos sus amigos sus padres les han comprado _____ (rellena el espacio con el «caprichito» de moda), ¿qué le dirás cuando él te lo pida a ti?

- ¿Qué harías si escuchases a tu hijo contarle a un amigo: «Mis padres ganan mucho más dinero que los tuyos, así que tienes que estar a mis pies»?

- ¿Cómo le explicarías a tu hijo que no debe considerarse mejor por el simple hecho de vivir en una zona más rica?

- Si tu hijo va a recibir una gran suma de dinero, por herencia o por un fideicomiso que hayas establecido, ¿qué harías y dirías para convencerle de que tiene que ser responsable?

- Si tu hijo te ve discutiendo con tu pareja sobre asuntos de dinero, ¿le explicarías a qué se debe la discusión?

- ¿Qué le dirías a tu hijo si te pidiese un juguete que no consideras adecuado?

- ¿Cómo le explicarías a tu hijo que el dinero no hace la felicidad si te ve más contento cuanto más dinero ganas?

Seguro que, al menos, varias de estas preguntas te han sumido en confusión y preocupación. Si en tu casa, cuando eras pequeño, el dinero era un tabú, es muy posible que, ahora, te cueste sacar el tema cuando estás con tu hijo; es posible que pienses que lo único que necesita saber tu hijo sobre la economía familiar es que «estamos bien» y que no necesita más detalles al respecto. Por último, un padre también puede evitar el tema para que su hijo no se dé cuenta de la diferencia de criterios y opiniones que existen entre el padre y la madre; en este último caso, el padre y la madre pueden creer erróneamente que el silencio es un buen aliado para combatir los mensajes contradictorios.

Nuestra sugerencia

¿Qué te contaron tus padres sobre el dinero? ¿Qué influencia han tenido sus palabras en tu actitud?

La educación de tu hijo está en tus manos; las palabras que elijas y cómo se las digas determinarán su responsabilidad en el terreno económico, pero también en el social.

Los hijos de los padres que aprenden a dialogar sobre el dinero suelen ser equilibrados, responsables y conscientes de sus valores.

Las diez peores cosas que pueden salir de tu boca

Antes de aconsejarte qué deberías decirle a tu hijo, vamos exponerte qué no deberías decirle; si tienes presente en todo momento qué cosas no deben salir de tu boca, podrás elegir mejor las palabras y así evitar los mensajes, que a la larga, pueden resultar negativos. Sin más preámbulos, pasamos a detallar las diez peores cosas que un padre puede decir cuando habla con su hijo sobre el dinero:

1. **No nos lo podemos permitir.** Esta respuesta lidera nuestra lista por la cantidad de veces que se utiliza y por lo injusta que es (obviamente, si es verdad que no te lo puedes permitir, sí es apropiada). Es ésta una respuesta muy habitual cuando tu hijo te pide que le compres algo y tú, sencillamente, no quieres. Puede tratarse de un muñeco de plástico de 79 dólares cuyo precio te resulta desorbitado para lo que realmente es; también te puedes negar a comprarle a tu hijo unas gafas de sol de aviador de 275 dólares porque las consideras caras para un chico de doce años, que ha perdido ya dos gafas de sol de 8 dólares. Hasta aquí dos casos en los que un padre se niega a comprarle algo a su hijo porque es caro para lo que realmente es o porque no lo

considera apropiado para un chico de la edad de su hijo, pero hay un tercer caso: cuando te niegas a comprarle algo a tu hijo porque ya es la tercera cosa que se le antoja en el mismo día y crees que todo tiene un límite. Como padre, debes aprender a decir que no basándote en tus valores o en tu presupuesto; identifica tus valores y utilízalos en este tipo de situaciones para que de tu boca salgan cosas como: «No, hoy ya te he comprado dos cosas que querías, creo que ya está bien» o «Te voy a comprar unas zapatillas de la marca X porque sus empleados reciben un salario digno. No te compro las zapatillas de la marca Y porque explotan a los niños del tercer mundo». Es cierto que decir que «no nos lo podemos permitir» es lo más sencillo, pero también lo más injusto; lo único que consigues con esta respuesta es ocultar tus valores tras una mentira. Es más, el chico puede llegar a creérselo y puede agobiarse, innecesariamente, por la situación económica de la familia. Y lo que puede ser peor..., que te descubra la mentira si te ve comprando otras cosas.

2. **Ya hablaremos más tarde.** Esta respuesta es apropiada si tu intención es posponer la conversación, pero en ningún caso para evitarla. Si utilizas esta respuesta una y otra vez y llega a convertirse en una «coletilla», estarás dando a entender a tu hijo que hay cosas de las que no se debe hablar; entonces, es muy posible que el chico diga cosas como: «¿Por qué estabais discutiendo mamá y tú sobre cuánto cuesta enviarme a un campamento de verano?» En lugar de aprovechar las preguntas de tu hijo para ir al meollo de la cuestión, si el precio es el adecuado o si merece la pena comprar algo, puedes sentirte tentado a responder con un simple y desalentador: «Ya veremos, no me apetece hablar de eso ahora». Ten en cuenta que, si repites frecuentemente este tipo de respuesta, el chico se dará cuenta de lo que está pasando, le estás mintiendo, en realidad «luego» o «más tarde» tampoco querrás hablar del tema. Por lo tanto con esta respuesta, ni enseñas valores a tu hijo ni estás siendo sincero con él.

3. **Te daremos dos billetes por cada sobresaliente que obtengas.** Variantes de esta frase son: «Te aumentaremos la asignación si limpias tu habitación» o «Te compraremos el coche que quieres si no te castigan en el colegio durante este semestre». Comprar comportamientos no es lo más adecuado cuando se trata de criar hijos sanos; con esta «táctica» los chicos harán las cosas para sentirse queridos o para conseguir algo que desean y no para lograr su propia satisfacción personal... Y, lo que es peor, terminarán creyendo que los amigos y el amor se pueden comprar con dinero; para explicarlo con los dos ejemplos de este punto, si tu hijo no consigue esos sobresalientes o le castigan en el colegio, creerá que no ha hecho lo suficiente para ganarse tu amor.

4. **El dinero es el origen de todos los males.** En la Biblia ya nos encontramos con esta máxima; concretamente que la avaricia, el amor a la riqueza, es la causa de todos los males. En nuestra opinión, no es el dinero en sí, sino la obsesión por él, que hace que la familia y los amigos pasen a un segundo plano, donde yace el problema. Si haces creer a tus hijos que el dinero es algo malo, puedes dar por sentado que terminarán pensando todo lo contrario simplemente por llevarte la contraria. Los chicos que crecen en un ambiente de desprecio total por lo material termina despreciando también los principios básicos de administración del dinero, lo cual les puede llevar a situaciones económicas caóticas.

5. **El tiempo es oro.** El tiempo no es oro; es sencillamente eso, tiempo. Si siempre andas con prisas y repitiendo una y otra vez a tu hijo que no desperdicie el tiempo, terminará considerando todo lo que haga en términos económicos. Hay padres que tratan de impresionar a su hijo contándole cuánto ganan en una hora o que asustan a sus hijos diciéndoles: «Cuando seas mayor no te permitirán holgazanear en tu trabajo como lo haces en el colegio». Decirle a tu hijo que no puedes ir al recital de baile que han preparado en el colegio porque «alguien en esta casa tiene que pagar las facturas», le hará dudar sobre qué es lo más importante en la vida.

6. **No debes hacer esas preguntas.** Esta es la respuesta adecuada si lo que quieres es que tu hijo se sienta culpable de haber nacido en una familia próspera. «¿Somos ricos?» «¿Cuánto dinero ganas?» o «¿Quién tiene más dinero, la tía Susie o tú?» son preguntas habituales en los chicos más jóvenes; pero, no te quedes en la superficie, con estas preguntas lo que está haciendo tu hijo es expresar sus dudas: «¿Me podéis garantizar mi seguridad?», «¿Me vas a poder cuidar y proteger?». Estas preguntas sólo resultarán embarazosas a un padre cuya relación con el dinero no sea la más apropiada.

Si las consideras apropiadas y te decides a contestarlas, no empieces con aquello de: «Puede que ahora no lo entiendas, ya lo entenderás cuando seas mayor», porque, siga lo que siga, de entrada habrás negado la capacidad de tu hijo para entender las cosas. Ponte a su altura, no le expliques el concepto de «ser un malcriado» desde un punto de vista educativo; en su lugar, pregúntales si se quieren parecer a Jimmy, ese niño del barrio al que sus padres le compran todo lo que quiere y, sin embargo, siempre está lloriqueando, tomando los juguetes de otros chicos y gritando: «¡Esto es mío!».

7. **Están podridos de dinero.** Es posible que alguna vez haya salido de tu boca esta frase cuando dialogas con tu hijo. Tu hijo te ha podido oír criticando la ostentación de tus vecinos o la multimillonaria cuenta corriente de algún joven *puntocom*. Debes saber que con este tipo de comentario lo único que consigues es que tu hijo llegue a creer que ser rico es un defecto; le estás negando que también hay formas positivas de ser próspero o rico. Si solamente hablas con tu hijo de este tema de vez en cuando, estos comentarios pueden resultar muy perjudiciales, ya que no se podrá basar en ideas más profundas. Si no quieres que tu hijo se convierta en un antimaterialista radical, no critiques a las personas por el mero hecho de ser multimillonarios, jóvenes y ricos, o simplemente porque se compran deportivos, barcos o mansiones.

8. **No le digas a nadie cuánto dinero tenemos.** La discreción es importante..., pero el secretismo puede acabar en paranoia y desconfianza. Que no quieras que tu dinero sea la comidilla de los amigos de tu hijo no es óbice para que le des al tema una consideración de alto secreto. Si tu hijo tiene comportamientos paranoicos con el dinero, en el futuro, sus relaciones de consecución, uso y administración no serán las más adecuadas. Conocemos a personas a las que, en su infancia, les han repetido tantas veces que no deben hablar sobre su dinero, que ahora no hablan de ello ni con su asesor financiero. Si a un chico se le hace creer que sus asuntos económicos son sólo asunto suyo, cuando llegue el momento no le será fácil confiar asuntos a su pareja, especialmente todo lo relacionado con el dinero. Una vez más, mantente en el justo medio; enseña a tu hijo a ser discreto, no a desconfiar de los demás; se trata simplemente de que tus hijos entiendan que la economía familiar es asunto vuestro, de nadie más.

9. **¿Por qué no quieres que tus amigos vengan a casa?; tenemos___ .** Rellena el espacio en blanco con cualquier cosa que pueda resultar atractiva para los chicos: una piscina, una pista de tenis, etc. Sugerir a tu hijo que sus amigos lo son por lo que tiene y no por cómo es, le resultará demoledor. A pesar de ello, todavía hay padres que le dicen a sus hijos que le van a comprar una mesa de billar o una videoconsola para ayudarles a conseguir amigos. El error no está en el juego en sí, sino en asociarlo al valor de la amistad.

10. **Da gracias por no vivir *allí*.** «Allí» puede ser cualquier sitio, un vecindario pobre o un barrio de clase media. Lo negativo de esta frase es que tu hijo puede pensar que la vida fuera de su urbanización, barrio o comunidad es miserable. Hablar a tu hijo de las zonas peligrosas o de los *sin techo* que duermen debajo de los puentes al abrigo de un cartón, es bueno, pero siempre que no lleguen a asociar la felicidad con la riqueza o prosperidad. Los niños deben tener claro que el dinero no puede comprar el amor o la felicidad; de lo contrario, y si llegan a tener éxito en la

vida, no lograrán entender el porqué de su infelicidad, si pueden comprar todo lo que quieren.

Variantes de esta frase son: «Si tuviese el dinero que él tiene, no me preocuparía por nada más», «No sabes lo que nos facilita las cosas el dinero». Con la primera, además de demostrar tu envidia, estás considerando al dinero como algo que puede resolver todos los problemas; la segunda da por sentado que tu hijo, debido al dinero que posees, no puede sufrir ansiedad, depresión o miedo. Tienes que hacerle saber que la felicidad no es directamente proporcional a la riqueza, en otras palabras, que no por tener dinero va a ser feliz.

Nuestra sugerencia

Entre las diez respuestas que te hemos mostrado, elige alguna que utilices normalmente o hayas utilizado alguna vez. Tenla presente e intenta no responder a tu hijo de ese modo nunca más.

Comunicar un concepto abstracto

Saber qué decir y cómo decirlo es más complicado que hacer una lista sobre las frases, palabras o coletillas que no deben salir de nuestra boca. Si en alguna ocasión has intentado dialogar con un niño sobre qué representa el dinero, o con un adolescente sobre los hábitos de consumo, te habrás dado cuenta de la dificultad que entraña. Los niños y los adolescentes pierden muy fácilmente la concentración; los primeros se aburren y empiezan a ponerse nerviosos, en el rostro de los segundos se adivina una mirada ausente. Los conceptos abstractos, como los temas asociados al dinero, suponen un obstáculo en la comunicación, a ti te resultará complicado explicarlos y a tu hijo entenderlos.

Los psicólogos han desarrollado pruebas para saber cómo enfrentan los niños el concepto abstracto del dinero.

5. Dialogar con tus hijos sobre el dinero

Si tu hijo tiene entre tres y cuatro años, puedes experimentar con los tres ejercicios que te proponemos a continuación:

- Haz dos filas de cinco monedas cada una. En la fila superior deja poco espacio entre las monedas; en la fila inferior, aumenta más la separación. Las dos filas deberían tener este aspecto:

Pídele a tu hijo que te señale la fila en la que crea que hay más dinero. La mayoría de los niños señalará la fila inferior, simplemente porque es más larga.

- Pon dos monedas de diferente valor y tamaño encima de la mesa, y dile a tu hijo que escoja la que quiera. Seguramente, elegirá la más grande, aunque valga menos, porque basará su decisión en el tamaño y no en el valor de la moneda.

- Toma en una mano dos monedas iguales, en la otra toma una moneda más pequeña pero con el mismo valor que la suma de las dos que tienes en la otra mano y dile a tu hijo que elija; seguramente, escogerá la mano con las dos monedas por dos razones: porque hay más y son más grandes.

No es hasta los veinticuatro o treinta meses cuando los niños empiezan a secuenciar las ideas de un modo lógico. Imagina que tu hijo ve al perro en el jardín y te dice que quiere salir. Si le preguntas por qué, te pondrá un rostro inexpresivo, repitiendo una y otra vez «quiero salir». Con treinta meses, tu hijo empezará a desarrollar la capacidad cognitiva necesaria para relacionar ideas de un modo lógico y podrá entender los conceptos de *¿por qué?* y *porque...* De hecho, *¿por qué?* y *porque* pronto se convierten en los comentarios favoritos de los niños; así, si le haces la pregunta del ejemplo anterior a un chico de cuatro años, te contestará: «Porque quiero jugar con el perro».

Los niños y el dinero

Si quieres enseñar a tus hijos valores respecto al dinero, tendrás que crear el clima emocional e intelectual propicio para que aprendan a tratar conceptos abstractos y a pensar de un modo lógico. En sus libros *Building Healthy Minds* (de Stanley Greenspan) y *The Irreducible Needs of Children* (de Greenspan y T. Berry Brazelton), Greenspan y Brazelton, dos de los mejores expertos en desarrollo infantil de Estados Unidos, nos demuestran que el diálogo reflexivo y el juego interactivo o «tiempo de suelo» son las claves en el proceso de aprendizaje que siguen los niños para lograr entender conceptos abstractos como el dinero.

El diálogo reflexivo consiste en superar los lacónicos «sí» o «no» como respuesta a las preguntas y comentarios de los niños; y preguntarles en su lugar qué, cuándo, por qué y cómo para que formen su propia opinión y reflejen sus deseos e ideas, es así como se desarrolla el pensamiento abstracto.

El juego interactivo o «tiempo de suelo» no es otra cosa que sentarte en el suelo con tu hijo de veinte a treinta minutos diarios ininterrumpidamente. Aunque tú y tu pareja trabajéis, podéis hacerlo perfectamente; apaga la televisión, siéntate en el suelo con tu hijo y «enciende tu máquina de respuestas». El estar a su mismo nivel, cara a cara, le dará una sensación de igualdad; eres sólo suyo, tienes que hacer lo que él quiera, aunque tengas que jugar al mismo juego un millón de veces. Durante este tiempo no hay reglas que valgan, lo único que no está permitido son los comportamientos agresivos. Deja que tu hijo se desenvuelva y síguele en lo que haga. Hablando, jugando e interactuando irás creando la atmósfera perfecta para que tu hijo se sienta cómodo para hablar de cualquier cosa.

En *Building Healthy Minds*, Greenspan nos detalla un estudio que realizó con Arnold Sameroff, de la Universidad de Michigan, en el que demostraba que los hijos de padres que ponían en práctica este diálogo reflexivo durante el juego interactivo o «tiempo de suelo» a partir de los treinta meses, tenían un veinte por ciento más de posibilidades de desarrollar una inteligencia normal o superior. En su libro más reciente *The Irreducible Needs of Children*, Greenspan y Brazelton se ocupan de chicos un poco más mayores, de jóvenes con edades comprendidas entre los trece y diecinueve años. Evidentemente, para estos chicos no es aplicable el juego interactivo o «tiempo de suelo», pero sí que necesitan que le dediques tiempo exclusivamente a ellos, olvidándote completamente de tus quehaceres.

Ya sea un niño o un adolescente, tu hijo aprovechará que te olvidas de tu agenda para mostrarte la suya; se sentirá tan a gusto que te dará a conocer qué pasa por su cabeza. Inevitablemente, hablaréis de dinero. Si tu hijo te habla de un juguete o unas gafas de sol que se ha comprado, no le juzgues, limítate a preguntarle: «¿Estás contento con la compra» o «¿Te ha merecido la pena?». Si mientras juegas con tu hijo de ocho años, grita de repente: «Ojalá fuese millonario», ten preparada una respuesta apropiada como: «Bueno..., y si fueses millonario, ¿qué harías?»; de este modo, os daréis a conocer vuestros esquemas mentales recíprocamente. En su libro *The Developing Mind*, el neurólogo y psiquiatra Daniel J. Siegel observó que este tipo de conversación hace que el niño se «sienta tenido en cuenta» y pueda establecer un modelo seguro.

El juego interactivo o «tiempo de suelo» te permite compartir tus creencias, ideas e intenciones. A los niños, especialmente a los más jóvenes, les gustan las historias con moraleja, las que persiguen una determinada intención. Si te preguntan por la pobreza puedes aprovechar tu propia vida, siempre y cuando te criases en una familia humilde. Para ilustrar el concepto también te puedes servir de alguien cuyo comportamiento en este terreno haya sido ejemplar: historias de personas cuyo comportamiento en el terreno económico ha sido tan admirable que merecen ser el ejemplo para las generaciones futuras. A continuación te ofrecemos cinco historias que relatan comportamientos ejemplares con el dinero:

- A finales del siglo XIX, Mary Choate y varias señoras de clase alta fundaron la denominada *Women's Exchange*, una cadena de almacenes mayoristas que donaba sus ganancias a mujeres viudas y necesitadas. La cadena llegó a ser tan popular que rivalizaba con los mejores mayoristas de la época.

- Edgar Helms, párroco de la iglesia metodista *Morgan Chapel* de Boston, creó, en 1905, la que llamó *Morgan Memorial Cooperative Industries and Stores* (industrias y almacenes de la cooperativa de Morgan Memorial). Formó un grupo de voluntarios que, puerta a puerta, recogían todo lo que sobraba en las casas, por ejemplo, ropa usada, zapatos y muebles viejos; contrataba a desempleados y discapacitados para adecentar las cosas que se recogían y, finalmente, las vendía en *Morgan Memorial Stores* (almacenes Morgan Memorial). En el corto período de un año, eran más de mil cien personas las que habían contratado. Goodwill Industries, nombre que recibe hoy en día, es actualmente una de las organizaciones sin ánimo de lucro más importantes de Estados Unidos.

- En 1982, Paul Newman creó una compañía para vender condimentos a los minoristas y dedicar los ingresos obtenidos a la caridad. Hoy, *Newman's Own* es una multinacional que dona más de cien millones de dólares anualmente.

- David Sun y John Tu fundaron *Kingston Technology*, el proveedor independiente líder mundial en la venta de módulos de memoria para ordenadores personales. Cuando vendieron la compañía por dos mil millones de dólares, dieron a sus empleados varios cientos de millones de dólares para agradecerles su trabajo y esfuerzo. Cada uno de los empleados recibió una bonificación; ¡el que menos setenta y cinco mil dólares!

- Ken Voigt tiene un concesionario de coches usados en Ohio. En el año 2000, tuvo la idea de pedir a la gente que donase sus coches usados, funcionaran o no. Voigt los arregla, los vende a un precio muy asequible para que las personas sin muchos recursos puedan comprar un coche y, finalmente, dona el dinero obtenido a *Our Lady of the Wayside*, en Avon (Ohio), un hogar para enfermos mentales y físicos.

Éstas son sólo algunas de las historias que te podrían ser útiles para tratar el tema que nos ocupa; pero no tienes que limitarte a ellas, seguro que conoces casos de familiares o amigos que también pueden ser interesantes en este sentido. Como no podría ser de otra forma, Internet te puede servir como fuente de información..., y es que la Web está llena de sitios de buenos samaritanos y de gente que da su vida por los demás. Si te crees capaz, también puedes crear una fábula cuyos personajes utilicen el dinero para otros fines que no sean sus propios caprichos y vanidades. Aunque en ocasiones el método de las historias no te resulte eficaz, sí te servirán para cambiar el ritmo. Tanto el método de la pregunta-respuesta como el de las historias son dos buenas herramientas comunicativas de las que te puedes valer para ayudar a tu hijo a entender el concepto abstracto del dinero.

Elegir bien el momento para enseñar

Tu capacidad, elocuencia e interés para narrar historias ejemplares sobre el dinero no te asegura la atención de tu hijo; puede que no hayas elegido el mejor momento para hablar.

Si ya sabes qué le vas a decir a tu hijo y cómo vas a hablarle, el siguiente paso del proceso, sin el cual la comunicación no es posible, es elegir el momento adecuado, cuando tu hijo está dispuesto a escuchar historias o a responder preguntas sobre el dinero.

Ya sabes que, como vimos anteriormente, si creas la atmósfera adecuada, son ellos los que podrían sacar el tema.

Los niños pequeños sienten curiosidad por todo y el dinero no podía ser menos. Recuerda tu infancia, ¿te preguntabas cuánto dinero tenían tus padres, cuánto costaba la casa en la que vivías o cuánto ganaban tus padres al año? Tu curiosidad te invadía y le preguntaste a tus padres; pues bien, debes saber qué en ese preciso instante estabas creando un momento, llamémosle, adecuado para enseñar. Son los momentos en los que el niño está abierto a escuchar lo que le cuentes.

A continuación te ofrecemos una lista que te puede ayudar a identificar estos momentos propicios:

- Tu hijo está sentado en el suelo fuera, en el jardín, se encuentra una moneda y pregunta: «¿Qué es esto?».

- Estás con tu hijo en una juguetería o en un supermercado, el pequeño señala algo y pregunta: «¿Cuánto cuesta eso?».

- Estás hablando con tu pareja sobre algún asunto económico y tu hijo pregunta: «¿De qué estáis hablando?».

- Tu hijo te pregunta si sois ricos.

- A los amigos de tu hijo les regalan algo caro; él te lo pide a ti, pero no se lo quieres comprar porque lo consideras excesivo o inapropiado.

- Le dices a tu hijo que va a empezar a recibir una asignación semanal (o tu hijo te pide que le subas la asignación que ya le das).

- Vais en coche y pasáis por un barrio desfavorecido, y tu hijo te pregunta: «¿Son pobres las personas que viven aquí?».

- Le abres a tu hijo una cuenta en el banco o le das acciones (o cualquier otro tipo de inversión).

- Tu hijo te pide algo realmente caro y le dices que si lo quiere, se lo tendrá que ganar.

- Por un despido o por alguna otra razón importante, decides recortar los gastos de la familia.

- Tu hijo te pregunta qué puede hacer para ayudar a los necesitados.

- Tú y tu hijo pasáis al lado de un mendigo.

Pero también te las puedes ingeniar para crear estos momentos y así no tener que esperar a que se produzcan. Si estáis planeando una visita a Disney World, deja que tu hijo calcule los gastos. Si es demasiado pequeño para ello, calcula tú los gastos, pero deja que tu hijo tome decisiones; dale una determinada cantidad de dinero para un día, déjale que se administre y no le agobies si no le salen las cuentas.

Evidentemente, en un sitio como Disney World, tu hijo tendrá problemas para «estirar» el dinero; son estos momentos de duda en tu hijo los propicios para hablar con él.

En cierta ocasión, fuimos a San Francisco con nuestro hijo, que por entonces tenía doce años, y nos hospedamos en uno de los mejores hoteles de la ciudad. Le dimos permiso para que pidiese el desayuno al servicio de habitaciones..., tras nuestra estancia y al ir a pagar, nos dimos cuenta que la factura detallaba un cargo de dieciocho dólares con cuenta a la lavandería; le preguntamos a nuestro hijo si había enviado algo a lavar y nos contestó que sí, su camiseta estaba sucia y... Le explicamos que esto no se ajustaba a lo acordado, que le dimos permiso para pedir el desayuno, pero que no era lógico pagar dieciocho dólares de lavandería por una camiseta que apenas costaba diez. Entendió perfectamente que no nos molestó el dinero en sí, sino el gasto inapropiado. En esta ocasión, nos enfrentamos al problema en el momento adecuado y cuando nuestro hijo estaba más receptivo; por ello, no le resultó difícil entender el concepto de gasto razonable e irrazonable.

Diferencias de edad

La edad de tu hijo es una variable que debes tener en cuenta cuando hables con él sobre el dinero. En este libro vamos a diferenciar cuatro grupos de edades: menos de cinco años, de seis a doce, de trece a dieciocho y los mayores.

De nuevo, no consideres estos agrupamientos como cajones estanco; además de la edad, tienes que tener en cuenta el desarrollo específico de tu hijo. En este capítulo nos vamos a fijar en los tres primeros grupos (al último de los grupos, por su complejidad, le dedicaremos un capítulo entero, el décimo).

Menos de cinco años

Hasta los dos años los chicos no tienen conciencia del dinero, pero sí les afecta tu estado emocional y se dan cuenta de tu nerviosismo o tranquilidad. Los chicos de estas edades se fijan más en tus gestos, tu tono de voz y tu interacción en general que en tus palabras. Aunque un niño de tres años no tenga la capacidad suficiente para asociar, por ejemplo, las facturas con el dinero, sí que se dará cuenta de la ansiedad que emergía en ti o de la controversia que suscitaba con tu pareja cuando las recibías. Con el tiempo, podrá ir estableciendo un paralelismo entre estas emociones y el dinero.

Aunque es imposible dialogar sobre cuestiones económicas con un niño de cuatro años, puedes hacerle entender cosas sin que medien palabras. Si tienes un hijo de esta edad, todo lo que tienes que intentar es cuidar tus expresiones y controlar tus estados emocionales. Si, facturas en mano, vas de un lado para otro de tu casa maldiciendo la hora en que has comprado algo, o peor todavía, si estás despotricando todo el día sobre los hábitos de consumo de tu pareja, ten por seguro que el mensaje que estás enviando a tu hijo es, sin más, negativo.

La televisión es un agente que te puede facilitar la comunicación con tu hijo. Sobre el efecto negativo de la «caja tonta» en los niños se han escrito ríos de tinta, pero nuestro enfoque es un poco diferente. Los anuncios de televisión incitan el ya de por sí incontrolable deseo de «quererlo todo». Los niños ya nacen con necesidades, necesitan que alguien juegue con ellos, les dé de comer o les duerma cariñosamente entre sus brazos, pero la televisión puede hacer crecer esas necesidades de un modo descontrolado. La facilidad para captar la atención de la publicidad televisiva puede llegar a «programar» las necesidades de los pequeños televidentes; aunque no entiendan el significado de un anuncio, pueden sentir la necesidad de tener el objeto publicitado. El problema se agrava en las familias prósperas, en las que los deseos se convierten en necesidades y éstas, finalmente, en compras.

Es el concepto de «ahorro» el que deberían aprender los chicos objeto de este apartado. En su libro *Building Healthy Minds*, Greenspan sugiere que es alrededor de los tres años cuando los chicos adquieren la capacidad del pensamiento lógico que les permite asociar conceptos. Sus primeras asociaciones son muy rudimentarias, como el ejemplo del niño que elige una moneda simplemente porque es más grande; a pesar de ello, podemos aprovechar sus primeras asociaciones para enseñarle el concepto del ahorro. Mark y Christie, dos amigos nuestros, tienen una hija de tres años, Gail. Cuando Mark, después del trabajo, llega a casa, le da a su hija todas las monedas que le han dado como cambio a lo largo del día; la pequeña utiliza como hucha una jarra de cristal donde deposita las monedas. No tiene en cuenta el valor de las monedas, simplemente le gusta acumularlas en un recipiente. Este ejercicio también le sirve para empezar a entender el concepto de dar dinero y recibir el cambio, un concepto accesible para la mayoría de preescolares. Además, dejan que sea su hija quien introduce la monedas en la máquina de tickets del aparcamiento, de este modo, la niña empieza a comprender que hay que dar (en este caso, dinero) para recibir (en este caso, un lugar en el aparcamiento).

Si sigue así, en uno o dos años Gail diferenciará entre deseos y necesidades. Este último es un concepto importantísimo, pues, si llegan a entenderlo, los chicos sabrán elegir entre varias opciones y darán esquinazo al sentimiento de superioridad. Para un chico engreído no existen necesidades, sólo deseos; hay infinidad de ocasiones que podemos aprovechar para ayudar a los chicos a diferenciar entre deseos y necesidades; por ejemplo, hazle ver que la cena es una necesidad, pero el helado que come de postre es un deseo. Es más, si quieres, puedes hacer un juego de este proceso de aprendizaje, dejando que tu hijo sea quien clasifique las cosas como deseos o necesidades. Si ves a una madre con su hijo, le podrías preguntar si el niño necesita o quiere alguien que le cuide.

De seis a doce años

A estas edades los niños ya no son tan vulnerables a la publicidad, pero tendrás que seguir estableciendo ciertos límites al uso de la televisión; moderación es la palabra clave. Para este grupo de edad, el tema central es comprar cosas. Los chicos empiezan a comprar y necesitan el asesoramiento y guía de los padres. Siéntate con tu hijo a ver su programa favorito y aprovecha la ocasión para dialogar sobre los valores respecto al dinero que apreciáis en el programa o en la publicidad que estáis viendo.

Os podéis servir del uso que hace vuestro hijo de la asignación semanal para asesorarle (veremos este tema con más detenimiento en el siguiente capítulo). Una cosa debe quedarte clara, cuanto antes empiece tu hijo a recibir una asignación, mejor. Los chicos incluidos en este grupo de edad no suelen administrar el dinero, lo gastan en lo primero que les llama la atención... Inevitablemente, estos impulsos consumistas vienen acompañados de lamentos cuando, habiendo gastado todo su dinero, ven algo que realmente les interesa. Si esperas a que tu hijo tenga once años para darle una asignación, lo único que estarás haciendo será posponer estos problemas de administración y ten por seguro que cuanto mayor sea el chico, más graves serán los problemas. Es aconsejable que los chicos cometan sus primeros errores de administración pronto; de este modo, aprenderán de sus errores y no los volverán a cometer. A la edad de ocho años ya puedes explicar a tu hijo en qué consiste administrar el dinero y cómo siempre existen diversas alternativas para hacerlo. Tras cometer algún error, los chicos entenderán que ante dos cosas, A y B, tienen que elegir una, la que sea más importante para ellos. Por ello, te aconsejamos que cuando hables con tu hijo sobre dinero, le hables en términos de alternativas y consecuencias.

También es una buena idea que hables con tu hijo sobre la posibilidad de abrir una cuenta en el banco. Cuando tenga alrededor de ocho años, ve con él al banco, ayúdale a rellenar las solicitudes y después, hablad sobre lo que habéis hecho; podéis aprovechar este diálogo para hablar sobre el dinero que tu hijo va a recibir durante el año, cumpleaños, navidades, etc; proponle ingresar en su cuenta parte de lo que reciba. Para rizar el rizo, y si ayudar a los demás es una prioridad para ti, puedes explicarle a tu hijo lo positivo que sería que, en otra cuenta, fuese ingresando parte del dinero que vaya recibiendo para entregarlo al final del año a los más necesitados. Las que aparecen a continuación son preguntas que te pueden ayudar a planificar esta conversación:

- ¿Cuál es el propósito de la cuenta de ahorros?

- ¿Para qué quieres que tu hijo ahorre el dinero?

- ¿En qué ocasiones vas a dejar a tu hijo sacar dinero?

- ¿Va a poder hacer uso del dinero de la cuenta sin tu permiso?

Los chicos de este grupo de edad ya se dan cuenta de las diferencias sociales y económicas que existen en nuestro mundo; querrán saber por qué tu vecino tiene tres coches y tú sólo dos, o por qué vuestra casa es mucho mejor que la del primo Billy. Te harán preguntas sobre esa historia que han leído sobre una familia que casi no tiene nada para llevarse a la boca; te preguntarán que por qué no ayudas a esa familia para que no vuelvan a pasar hambre nunca más. Aprovecha estas preguntas para especificar a qué valores se atiene tu familia a la hora de gastar dinero.

De trece a catorce años

El dinero, por no decir la prosperidad, trae consigo el concepto de responsabilidad y la adolescencia es el período adecuado para aprender a ser responsable con el dinero, así como la importancia del ahorro. Cuando estés con tu hijo, háblale sobre el binomio coste-valor de los productos; ponle un ejemplo de algo cuyo precio no merece la pena pagar y, por último, intenta quedar clara la idea de establecer y seguir una planificación de gastos. Ten en cuenta, que los hijos de familias prósperas no están acostumbrados a ser responsables con el dinero y nunca se han encontrado en la disyuntiva de tener que escoger entre esto o aquello, porque siempre han podido tener las dos cosas. Si logras inculcarle el concepto de «gasto razonable», habrán aprendido mucho de lo que necesitan para llevar una vida responsable y equilibrada.

Los niños y el dinero

Hay muchos modos de suscitar conversaciones sobre el dinero con los chicos de este grupo de edad; puedes dejarles que abran una cuenta en el banco para que vayan depositando parte de su asignación o los regalos, que en forma de dinero, reciban a lo largo del año. Intentar mantener un saldo positivo en la cuenta es una buena prueba que les acostumbra a administrar el dinero de un presupuesto.

A estas edades, los chicos ya pueden hacer uso de una tarjeta de crédito; su uso racional, limitado al dinero que reciben como asignación, también puede ser un buen ejercicio. Descarta las tarjetas sin límite, lo único que conseguirás es enseñarle a gastar compulsivamente. Algunos proveedores imponen un mínimo de crédito tan alto que tendrás que renegociarlo con tu hijo. Si tu hijo alcanza o supera lo pactado, no podrá utilizar la tarjeta hasta que, pagando lo que debe, los gastos estén dentro de lo acordado.

A los trece años tu hijo ya podría haber aprendido a repartir su asignación entre sus gastos fijos, sus gastos semanales y el dinero dedicado al ahorro. A medida que van pasando los años, la planificación de ingresos y gastos se va complicando; su asignación se ha visto aumentada y también ganan dinero haciendo pequeños trabajos. Ahora que cuentan con más dinero, puedes animarles a que planifiquen periodos más largos, un mes o incluso un semestre escolar; para ello, aconséjales antes de que realicen la planificación y si una vez realizada han encontrado problemas, muéstrate receptivo a ayudarles. Sólo cuando se dan cuenta de que la planificación ha fallado en algo (sobre todo si están seguros de que la han hecho correctamente), se mostrarán receptivos a aprender para corregir sus errores.

Sara se dio cuenta de muchas cosas cuando intentó por primera vez hacer una planificación mensual. Su asignación semanal era de diez dólares; todos los sábados se ganaba otros diez cuidando al hijo de un vecino mientras éste se iba a clases de yoga. Al cumplir los catorce, sus padres decidieron aumentarle su asignación, pero no sólo eso, sino también el modo de entregársela: ahora le darían cincuenta dólares a primeros de cada mes. De este modo, retaron a su hija a planificar sus gastos mensualmente. Ingresaría noventa dólares al mes. Planificó ingresar en su cuenta de ahorros, a primeros de mes, veinte de los cincuenta dólares que le entregaban como asignación mensual y gastar el resto de sus ingresos. Ya en la primera semana su planificación hizo aguas; no pudo resistir la tentación de comprarse unos «superestupendos» pantalones de cuero en la rebajas y dedicó a esta compra los treinta dólares que le quedaban de su asignación mensual. A esto se unieron las consecuencias del desgraciado accidente que tuvo su vecino: se torció un tobillo y ya no podía ir a yoga los sábados por la mañana.

Tras esta debacle presupuestaria y tras hablar con sus padres, estos decidieron volver a la asignación semanal durante los siguientes seis meses. Además, Sara se vio en la necesidad de buscar otra familia que necesitase de sus servicios para cuidar a los niños.

Si estás pensando en hacer una gran compra, deberías dejar que tus hijos participasen, de un modo u otro, en ella. Por ejemplo, si vas a comprar un coche nuevo o a cambiar el frigorífico, deja que tus hijos busquen en Internet y te ayuden a encontrar el producto con la relación calidad-precio que más os interese. De este modo, involucrarás a los chicos en la compra y, lo que es más importante, tendrás una oportunidad para dialogar con ellos sobre asuntos económicos.

Expresar valores

Inspirar valores positivos mientras se dialoga con un niño sobre el dinero no es sencillo. Cuando tus hijos te preguntan algo confuso o difícil, puedes caer en la trampa de contestar desentendiéndote de tus valores. En este apartado, vamos a centrarnos en las preguntas y comentarios más frecuentes que te pueden llevar a dar respuestas incongruentes con tus valores. Cuando tu hijo te hace una pregunta o comentario de este tipo, te está dando una oportunidad inmejorable para transmitirle valores sólidos sobre el dinero. A continuación, te ofrecemos una lista con estas preguntas y comentarios, ordenada cronológicamente.

Échales un vistazo, señala cuál crees que sería tu respuesta e identifica la opción que sería más conveniente de cara a transmitir valores.

1. **¿Somos ricos?**

    a. No.

    b. Eso no es asunto tuyo.

    c. Es mejor que lo creas así.

    d. Somos afortunados, vivimos bien y podemos ayudar a los demás.

2. **¿Por qué no me compras eso?**

    a. No nos lo podemos permitir.

    b. Porque si te lo compro, dentro de poco me vendrás con otra cosa y después con otra y te convertirás en el niño más avaricioso del vecindario y no quieres serlo, ¿verdad?

    c. Porque es caro y no creemos que comprar todo lo que veamos sea adecuado. Si dentro de unos días te sigue gustando, dínoslo y quizá te lo regalemos por tu cumpleaños.

    d. Porque no me da la gana.

3. **He tomado este caramelo de la tienda y me he ido sin pagar; ¿qué debo hacer?**

    a. Iremos a la tienda ahora mismo, lo devolverás y pedirás disculpas.

    b. Si hubiese sido en otra tienda te lo haría devolver, pero tratándose de ésa, con los precios que tienen, mejor quédatelo.

    c. Explícame por qué lo has hecho. Dime cómo te sientes y qué crees que has conseguido con esto.

    d. Voy a llamar a la policía. Le tendrás que explicar a ellos lo ocurrido.

4. **La abuela me ha dado cien dólares. Ya tengo siete años, ¿por qué no puedo gastarlos como quiera?**

    a. Creemos que deberías ahorrar un poco. Siéntate y hablemos de ello. ¿Qué piensas hacer con el dinero?

b. Porque tienes que ahorrar para cuando vayas a la universidad, que es muy cara.

c. Porque te lo vas a gastar en algo que dentro de un año no te gustará.

d. Porque herirías los sentimientos de tu abuela si te lo gastases en cualquier tontería.

5. **Mis compañeros de colegio me hablan de tu empresa y me dicen que somos los más ricos del lugar. ¿Qué debería decirles?**

a. Diles que no somos ricos.

b. Ignóralos.

c. Diles que sí, que podemos tener más dinero que otras familias, pero que sólo el esfuerzo ha sido nuestro secreto. Si trabajasen tanto como nosotros también podrían ser ricos.

d. ¿Te incomodan que digan eso? ¿Qué es lo que te molesta más sobre ello?

6. **A todos mis compañeros les han comprado coches nuevos. Yo también necesito uno para ir al colegio. ¿Me compras uno?**

a. A tu edad yo también tenía un coche viejo y si me valió a mí, también te valdrá a ti.

b. Te lo compraré si sacas las mejores notas del colegio.

c. No. No tendrás un coche nuevo hasta que tú mismo te lo puedas comprar. No hay nada malo en ir en autobús.

d. Te ayudaré a comprarte un coche usado, siempre que sea seguro; pero antes, tenemos que hablar sobre ciertas cosas como, por ejemplo, sobre la hora a la que vas a regresar a casa por la noche.

7. **¿Por qué tengo que trabajar durante el verano? Tenemos mucho dinero.**

a. No te daremos dinero durante el verano. Si quieres salir con tus amigos o comprarte algo, tendrás que ganarte el dinero.

b. Es verdad que tenemos mucho dinero, pero nos ha costado mucho ganarlo. Para que sepas lo que cuesta ganarlo, empieza por encontrar un trabajo.

c. No tienes por qué trabajar en verano, simplemente era un idea.

d. Si no trabajas durante el verano, tendrás que hacer toda esta lista de cosas en casa.

Las respuestas que inspiran valores positivos son: 1. (d) 2. (c) 3. (a) 4. (a) 5. (d) 6. (d) 7. (a)

Contestando las preguntas, te habrás dado cuenta de las cosas que debes hacer y de las que no debes hacer. En concreto:

- Sé honrado. No le digas a tu hijo que no puedes permitirte algo cuando en realidad sí puedes. Explícale por qué no quieres comprárselo.

- Asocia el concepto de dinero con el de responsabilidad; no despojes a tu hijo de responsabilidad simplemente porque tienes mucho dinero.

- Ayúdale a entender que no se puede gastar sin límites; no le dejes gastar sin ningún tipo de control.

- Reconoce los sentimientos negativos que en torno al dinero pueda tener tu hijo. No pienses que esos sentimientos son triviales o van a desaparecer.

- Respeta sus preguntas. No le avergüences, menospreciando sus comentarios.

Nuestra sugerencia

Durante la cena, pregúntale a tus hijos qué harían si recibiesen un millón de dólares; luego explícales qué harías tú. Este ejercicio te ayudará a articular y examinar sus valores en torno al dinero.

Evitar las contradicciones entre palabras y actos

En ocasiones, los chicos son capaces de interpretar tus actos mejor que tú los suyos. Desde bien pequeños, observan pequeños detalles que dicen mucho sobre tu comportamiento con el dinero: las propinas que les dejas a los camareros, cómo tratas a la asistenta del hogar, cómo respondes a los mendigos, si das o no dinero a los necesitados, si das un salario justo a tus empleados...

No pienses ni por un momento que te va a bastar con las palabras para inculcar buenos valores a tu hijo. El siguiente es un buen ejemplo que ilustra lo que intentamos explicarte. Sam y Matilda son una pareja que rondan los ochenta años y que hace poco se retiraron con una fortuna acumulada de 5 millones de dólares. Tienen dos hijas de unos cuarenta años. Cuando eran pequeñas eran frecuentes los «sermones» de sus padres sobre la necesidad de tratar a todo el mundo por igual, independientemente del dinero que tuviesen, de la satisfacción que da comprarse las cosas con el dinero que uno mismo gana y de la importancia de ayudar a los más desfavorecidos. Cuando vinieron a hablar con Jon (uno de los autores de este libro) sobre sus planes de dejar gran parte de su dinero a la caridad, quedó claro que habían estado enviando mensajes contradictorios a sus hijas. Te reproducimos parte de la conversación:

Jon: *¿Habéis pensado en donar el dinero ahora a la fundación de vuestra familia y, de este modo, involucrar a vuestras hijas?*

Sam: *Oh, no. Si donásemos el dinero ahora a la fundación, se enterarían del dinero que tenemos..., y no queremos que se enteren.*

Jon: *Pero, vuestras hijas también quieren ayudar a los demás, ¿no? Podríamos establecer que una partida del fideicomiso que habéis establecido se dedique a los fines benéficos que ellas quieran.*

Matilda: *No, no queremos tocar el dinero que les vamos a dejar.*

Jon: *¿Queréis que vuestras hijas administren el fideicomiso que les vais a dejar?*

Sam: *No, mejor no. No tienen ni idea de lo que hay que hacer con el dinero.*

Éste es un claro ejemplo de contradicción entre palabras y hechos. Aunque Sam y Matilda hablaron mucho a sus hijas sobre los buenos valores, sus actos hicieron que sus hijas ignorasen la ayuda a los demás, que no aprendiesen absolutamente nada de inversiones y presupuestos y que creyesen que sus padres siempre iban a estar ahí para ayudarles. Obtuvieron justo lo contrario de lo que pretendían..., y es que Sam y Matilda cayeron en la misma trampa: sus actos no fueron congruentes con sus palabras. Llegados a este punto, nos gustaría compartir contigo las cinco trampas más comunes en las que puedes caer cuando tratas de inculcar valores a tus hijos.

1. **Administración del dinero basada en el género.** En muchas casas es el padre quien se ocupa de los asuntos económicos, mientras que se relega a la madre al ostracismo, ni pincha ni corta en estos temas. Siendo así las cosas, no es de extrañar que las hijas tengan dificultades para administrar su dinero y, lo que es peor, para usarlo en el día a día. La solución es sencilla, dar las mismas responsabilidades a todos en este terreno, independientemente de su sexo.

2. **Mensajes contradictorios.** La de Sam y Matilda es una historia que ilustra una contradicción, cuando las acciones de los padres no son congruentes con sus valores. Pero hay otro tipo de contradicción, cuando el padre y la madre se contradicen el uno al otro. Volviendo a las dimensiones de uso, administración y consecución, imagina una familia en la que el padre sea un derrochador y la madre todo lo contrario; en esta familia, al niño le costará tanto reconciliar estos dos comportamientos contradictorios que, finalmente, se sentirá confuso; los continuos reproches que se dedican el uno al otro pueden hacer que la confusión del niño degenere en inseguridad..., y es que, cuando el chico esté delante, los padres debéis moderar vuestros comportamientos en relación al dinero para evitar, de este modo, que vuestro hijo se sienta confundido.

3. **Caridad sólo en las palabras.** Aunque son muchos los padres que hablan a sus hijos sobre la necesidad de entregarse a los demás, no son

tantos los hijos que han visto a sus padres practicar lo que predican: el resultado es el cinismo de los hijos. Con los años, sus comportamientos serán extremos: ignorarán completamente a los más necesitados o detestarán su riqueza porque les hace sentirse culpables. La solución es sencilla: predicar con el ejemplo. Las buenas acciones de cada día pueden ser muy importantes. Jilliene Schenkel, una colega de nuestra profesión, cree fervientemente en la necesidad de ayudar a las personas que le piden limosna en la calle y lo practica. Eso sí, no les da dinero porque no quiere que se lo gasten en drogas o alcohol, sino vales canjeables en McDonald's. Cuando pasea por la calle con sus hijos y alguien les pide una limosna, ella o alguno de sus pequeños atiende la petición y le entrega un vale de McDonald's.

4. **Adicción al trabajo.** Los hijos de las personas adictas al trabajo suelen manifestar comportamientos extremos, el mismo que sus padres o el totalmente opuesto. La obsesión de un padre por ganar dinero, cueste las horas que cueste, puede desbaratar la idea que su hijo tenga sobre qué es importante en esta vida. Muchos padres son conscientes de esto y sacan tiempo para asistir a las actividades del colegio; sin embargo, sus teléfonos móviles se encargan de limitar la suya a la mera presencia física. Los padres deberían encontrar el equilibrio, el justo medio, para que los chicos no tengan la impresión de que ganar dinero es lo único que importa en esta vida. Saca tiempo para dedicarlo en exclusiva a tus hijos, sin teléfono, correo electrónico ni conversaciones sobre el trabajo.

5. **El exceso.** Si te permites lujos, gastando el dinero compulsivamente y sin reparos, debes ser consciente del mensaje que estás enviando a tu hijo. Comprarse un deportivo rojo, que es un placer conducir, es un capricho..., comprarse cinco deportivos es un exceso. Un ejemplo muy común es el del padre que compra una casa descomunal en relación al número de miembros de su familia o gasta dinero con el único objeto de impresionar a los demás. No lo dudes, con este tipo de comportamientos tus hijos terminarán por ser engreídos y altaneros.

Sin embargo, hay otros modos de pasarlo bien sin vaciar los bolsillos: ir de camping, escuchar conciertos en el parque, pasear por el bosque. Este tipo de actividades, gastando poco pero pasándolo en grande, ofrece a los chicos una perspectiva más amplia de las opciones de que disponen.

Antes de explicar a los chicos qué es el dinero, debes explicártelo a ti mismo. Si sabes con certeza qué significa para ti el dinero y qué papel juega en tu vida, las palabras que te oiga tu hijo y los actos que te vea serán los idóneos. Por desgracia, esta reflexión no es muy común entre los padres prósperos, lo cual es devastador para sus hijos. El exceso, los tabúes, las contradicciones o un modo erróneo de enfocar la comunicación pueden obstaculizar el desarrollo normal de tu hijo.

Si eres consciente de tus propias relaciones con el dinero, no te resultará complicado hablar con tu hijo ni de planificaciones económicas ni del dinero que tienes. Si piensas detenidamente lo que tienes que decir, tus palabras moldearán de un modo positivo las ideas de tu hijo.

6

Asignaciones

El dinero no es lo único

En capítulos anteriores te hemos aconsejado, entre otras cosas, que ayudes a tu hijo a abrir una cuenta en el banco, que te involucres junto a él en la ayuda a los demás o que le hagas ver lo gratificante que es ahorrar para poder comprar algo; en el presente capítulo, nos vamos a centrar en un aspecto extremadamente importante para padres e hijos: las asignaciones. No es éste un asunto fácil de abordar para los padres; las preguntas que aparecen a continuación te harán reflexionar sobre este tema:

- ¿Deben recibir una asignación tus hijos?

- Si crees que sí, ¿a qué edad deberían empezar a recibirla?

- ¿Qué cantidad deberían recibir? ¿Debería, esta cantidad, depender de sus notas o de su comportamiento?

- ¿A qué crees que deberían dedicar su asignación?

- La cantidad que reciban, ¿deberían basarse en la edad, el logro de algún objetivo o en algún otro criterio?

- ¿Podrán gastar el dinero en lo que quieran?

- ¿En qué punto debes intervenir para evitar que tu hijo se gaste el dinero en comprar un determinado producto?

La asignación es un punto de encuentro en el que coinciden tus valores respecto al dinero y la necesidad de dialogar con tus hijos sobre el mismo. Las asignaciones reflejarán las relaciones con el dinero de los padres: una persona obsesionada con el uso del dinero dará a su hijo una asignación desmesurada; por el contrario, si la administración es su relación dominante, un padre insistirá una y otra vez a su hijo en que se fije bien en qué gasta cada moneda de su asignación. Para la mayoría de los chicos, la asignación es un asunto serio; para ellos, recibir su primera paga significa que les ha llegado el momento de participar en el mercado de los adultos. En realidad, la asignación es un ensayo de las relaciones con el dinero que establecerán en el futuro, cuando sean sus jefes (o sus propios negocios) quienes les proporcionen sus ingresos.

Nuestra sugerencia

Recuerda cuando eras tú quien recibía la asignación de tus padres, ¿era para ti una experiencia positiva o negativa? ¿Utilizarás el mismo método de asignación con tu hijo?

Dos reglas básicas para la asignación

«¿Para qué le voy a dar una asignación a mi hijo si le compro todo lo que quiere?» o «Si quiere tener dinero, que se lo gane»; los dos anteriores son los pensamientos típicos de los padres que se niegan a dar una asignación a sus hijos. Entre los padres que sí dan una asignación a sus hijos, podemos diferenciar a aquellos que vinculan la asignación a las notas o a pequeños trabajos y a aquellos que no condicionan la asignación a ninguna variable, creen que se trata simplemente de compartir el dinero de la familia.

Asignar significa dar o proporcionar algo para conseguir algún propósito o fin; en el caso que nos ocupa, damos una *asignación* a nuestro hijo para conseguir algún propósito; pero, ¿cuál es ese propósito? Si estás leyendo este libro es porque te preocupa la educación de tu hijo, no quieres que tu hijo sea un niño engreído o malcriado. Debes saber que la asignación sólo traerá consecuencias negativas si no la acompañas con los valores adecuados. Por ejemplo, una asignación desmesurada que no va acompañada de diálogo y valores será, a la larga, perjudicial para tu hijo: se acostumbrará a que le den el dinero, no a ganárselo. Si te limitas a dar dinero a tu hijo cuando te lo pide o cuando te apetece, no estarás enseñándole los valores de justicia y responsabilidad.

¿Qué cantidad de dinero debo asignar a mi hijo? ¿De qué debe ir acompañada la asignación para que mi hijo sea responsable con el dinero que le doy? A continuación, te exponemos nuestras dos reglas básicas para las asignaciones.

Regla primera: Todos los chicos deberían recibir una asignación

Tras recibir sus primeras notas, o incluso antes, tus hijos comprobarán que sus compañeros empiezan a recibir una asignación de sus padres... y, consecuentemente, te pedirán a ti la suya. Si te niegas y no razonas adecuadamente tu postura, estarás enviando a tu hijo al menos uno de los siguientes mensajes:

- En nuestra familia no se dialoga ni sobre las asignaciones ni sobre el dinero.

- En nuestra familia, el dinero es asunto de los padres, no de los hijos.

- Nosotros, los padres, somos quienes decidimos si te damos dinero o no.

Los tres son inapropiados. Si te niegas a dialogar sobre asuntos económicos, lo único que conseguirás es que tu hijo sea un analfabeto en asuntos relacionados con el dinero. Si le das a entender a tu hijo que el dinero es tuyo y que lo compartirás con él, sólo si tú lo consideras necesario, conseguirás que tu hijo se considere un «miembro menor» en la familia, sin responsabilidades ni capacidad de decisión.

Considera la asignación como el derecho que tiene tu hijo a recibir una parte de los recursos de la familia; con este enfoque te será más sencillo dialogar y negociar con tu hijo. Así, lograrás que tu hijo se sienta un miembro más de la familia, con sus derechos y deberes, le enseñarás a planificar sus gastos y a responsabilizarse de las decisiones que tome.

Regla segunda: La cantidad de la asignación la decides tú

Si dudas sobre qué asignación es la apropiada para tu hijo, lo primero que tienes que tener claro es que eres tú quien, basándote en tu concepto de asignación, tus valores y tus recursos, establece la cantidad que le das a tu hijo. Para una familia, la norma podría ser una asignación semanal de cinco dólares, mientras que para otra podría ser, perfectamente, el doble. Aunque eres tú quien mejor sabe qué cantidad es la adecuada para tu hijo, no debes ignorar lo que hacen tus vecinos en este terreno..., de hecho, tu hijo sabe perfectamente la asignación de los hijos de tus vecinos. Además, debes tener en cuenta que no todas las familias dan el mismo significado a la asignación que dan a sus hijos: por ejemplo, un padre puede incluir el material escolar en la asignación que le da a su hijo, mientras que otro puede considerar que lo que necesita su hijo para estudiar no es un gasto del chico, sino de él.

Una vez más, debes contar con tu hijo a la hora de decidir la cantidad que le vas a asignar y qué gastos se incluyen en ese dinero. Este proceso de diálogo-negociación te servirá para transmitirle tus valores.

En los siguientes apartados, vamos a explicarte cómo puedes inculcar valores a tu hijo respondiendo a las siguientes preguntas:

- ¿Qué tienes que hacer para conseguir una asignación?

- ¿En qué debes basar la cuantía de la asignación y qué gastos se incluyen en ella?

- ¿Cuándo y cómo se puede revisar la asignación?
- ¿Deben los hijos hacer uso de su asignación con total libertad?

¿Qué tienes que hacer para conseguir una asignación?

No es hasta los tres o cuatro años cuando a los niños les empieza a interesar el dinero y comienzan a establecer una relación entre hacer algo y recibir dinero por ello.

Nuestra sugerencia

Realiza una encuesta informal entre padres e hijos de tu vecindario para saber cuál es la norma en cuanto a asignación. Pero recuerda, la asignación que le das a tu hijo no tiene por qué ser la misma que la que reciben los hijos de tus vecinos. No te olvides nunca de tus valores.

Normalmente, los padres empiezan a dar una asignación a sus hijos a la edad de seis o siete años, cuando, como vimos en el capítulo 2, los chicos superan el estadio de la «iniciativa» para adentrarse en el de la «perseverancia». A medida que vaya desarrollando la suficiente capacidad cognitiva para entender conceptos abstractos, como qué son los privilegios y las responsabilidades, tú hijo querrá sentirse útil y desarrollar sus cualidades.

Explícale qué es una asignación cuando haya tenido algún comportamiento responsable: ayudar a su madre a poner las cosas en el carrito de la compra u ordenar su cuarto sin habérselo pedido. Éste es el momento adecuado para sentarse con él y decirle algo como:

> Nos has impresionado con la responsabilidad que has demostrado (ayudando en el supermercado u ordenando tu habitación). Cuando los niños crecen y demuestran esta responsabilidad, su familia les

concede un privilegio. Creemos que ya tienes la edad suficiente para recibir una asignación para que recibas parte del dinero de la familia.

Fíjate en que en el párrafo anterior sólo hablamos de la responsabilidad que demuestra el niño, no de pequeños trabajos o ayudas en casa. Si tu hijo presenta problemas de comportamiento en casa o en el colegio, puedes optar por no darle ninguna asignación; sin embargo, hacer depender la asignación de los pequeños trabajos que el chico pueda hacer en casa, no es aconsejable. Padre e hijo se enzarzarían en una pugna interminable. La mayoría de los niños harían sus camas o sacarían la basura simplemente para ganar dinero, no para ayudar en casa..., y si, por cualquier razón no recibiesen su asignación, terminarían por no hacer estas tareas; habríamos llegado a una situación en la que ninguna de las partes obtiene ningún beneficio.

¿En qué basar la cuantía de la asignación y qué gastos debes incluir en ella?

La cuantía de la asignación que le das a tu hijo depende de varios factores; los más importantes son, tus valores, la edad de tu hijo y qué gastos se incluyen en la asignación. En su libro, *Kiplinger's Dollars and Sense for Kids*, Janet Bodnar nos enseña varios modos para fijar la asignación de nuestros hijos. Dentro de la gran variedad de posibilidades que ofrece el libro, el mejor modo para fijar la asignación de un niño, según Bodnar y otros entendidos, es establecer qué va a cubrir la asignación y después, explicárselo al niño. Imagínate que, con anterioridad a dar una asignación a tu hijo, siempre que ibas al supermercado le dejabas que eligiese un pastel..., ahora que le das su asignación, ¿tendrán que pagar el pastel de su dinero? Obviamente, la respuesta depende de la cuantía de la asignación que le des a tu hijo. La clave para establecer la asignación es lograr el justo medio, es decir, ni muy baja, ni muy alta. En algunas familias prósperas, las asignaciones son tan altas que los niños pueden comprar todo lo que se les antoje, cómo y cuándo quieran, sin necesidad de ahorrar lo más mínimo.

6. Asignaciones

A medida que pasan los años, la asignación de tus hijos irá incluyendo otro tipo de gastos. Con doce años, o incluso antes, tu hijo podría recibir una asignación para ropa. Si le das a tu hijo una cantidad fija, pero razonable, para que se compre ropa, le estarás dando la oportunidad de tomar decisiones. Una variante de este último tipo de asignación es fijar una cantidad de dinero máxima para comprar algo y dejar que el chico complete esa cantidad con su asignación si quiere algo más caro; por ejemplo, Bodnar estableció un límite de cincuenta dólares para comprar zapatillas, si sus hijos querían unas más caras, debían pagar la diferencia de sus correspondientes asignaciones; enseguida comprendieron que no necesitaban unas zapatillas de 275 dólares. Otros artículos que puede cubrir la asignación de tu hijo conforme pasan los años son las entradas para el cine, el alquiler de películas, los discos compactos y los regalos para los amigos.

La primera asignación de tu hijo debería ser semanal, para ir convirtiéndola en quincenal, o incluso mensual, con el paso de los años; de este modo, irás acostumbrando a tu hijo a planificar períodos de tiempo cada vez más largos. Cuando tu hijo llegue al instituto, la asignación debería ser mensual, mientras que en la universidad bien podría ser trimestral o semestral.

Aunque no nos atrevemos a decirte qué cantidad de dinero debes darle a tu hijo, sí que podemos predecir que si la asignación de tu hijo es semanal, ten por seguro que antes de que llegue el fin de semana, ya no tendrá dinero. Muéstrales tu apoyo y comprensión... En definitiva, son sus primeros pasos planificando gastos. Ayúdales a pensar qué podrían hacer para «estirar» más el dinero de la asignación de la próxima semana. Todo menos rescatarlos. Mantén a raya tus impulsos y no le des más dinero, por más que sea duro ver que tu hijo no puede ir al cine con sus amigos. Si le das más dinero, en definitiva, si le sacas del apuro de encontrarse sin dinero, estarás enviando el peor de los mensajes posibles: haz lo que quieras con tu dinero, si te gastas lo que tienes asignado, aquí estaré yo para darte más.

Al mismo tiempo, deberías dar a tu hijo la posibilidad de ganar dinero extra por ayudar en pequeñas tareas domésticas. Recuerda, la asignación no debe estar sujeta a la realización de pequeñas tareas domésticas; sin embargo, dar a tu hijo la posibilidad de ganar un poco de dinero por hacer cosas, más allá de sus obligaciones familiares, es una herramienta de aprendizaje de eficacia demostrada. Reflejará la vida real, cuando se recompensa a una persona (con un ascenso o con una gratificación) por hacer más de lo que, en principio, era su deber. Vincular el esfuerzo a una paga extra es un buen método para enseñar a tu hijo que él es quien se puede rescatar a sí mismo en momentos de apuros.

Una buena técnica podría ser la creación de una lista que relacionase las tareas con la cantidad de dinero que podrían conseguir los chicos por realizarlas. En esta lista se podría incluir cualquier tarea ajena a las que los chicos ya realizan como miembros de la familia. Por ejemplo, su colaboración familiar podría incluir quitar la nieve en invierno o limpiar el jardín de hojas..., pero no ordenar el ático. Esta última sí podría considerarse una colaboración especial e incluirse en la lista. No escondas esta lista, ponla en un lugar visible y dile a tus hijos que si se quedan sin dinero o si no les llega para comprarse algo que desean, pueden realizar las tareas especificadas en ella para conseguir más dinero.

Finalmente, creemos que no es una buena idea basar la asignación de tu hijo en la que otros padres les dan a los suyos. Tus hijos sabrán perfectamente cuánto reciben sus amigos pero, recuerda, eres tú en última instancia quien, basándote en tus valores y en lo que crees que debe cubrir la asignación, debe establecer la cuantía. De este modo, los chicos entenderán y apreciarán tus valores ya que el proceso de fijar una asignación puede ser el catalizador que necesitan tus hijos para concienciarse de tus valores.

Cómo y cuándo se puede revisar la asignación

Si tus hijos se quedan sin dinero frecuentemente antes de que llegue el día de recibir una nueva asignación, tendrás que ver qué esta pasando. Puede que ayudándoles a administrar el dinero soluciones el problema; sin embargo, el problema puede estar en que la asignación es muy baja. Es cierto que dar una asignación muy alta a tu hijo no es lo más apropiado, pero lo contrario podría enviar un mensaje negativo de frugalidad. Si no puedes permitirte aumentarle la asignación a tu hijo, no lo hagas, pero si, efectivamente, puedes, no te hagas de rogar y súbesela si crees que es justo.

Si tu hijo se queda sin dinero frecuentemente, no le des una conferencia sobre control presupuestario ni le digas aquello de «el dinero no crece en los árboles»; sería mejor que de tu boca saliese algo como:

> Me he dado cuenta de que la asignación que te doy te resulta insuficiente. ¿Qué te parece si haces una lista de las cosas en las que se te ha ido el dinero y después nos sentamos los dos a analizarla? Si no te acuerdas, podrías ir anotando en qué te vas gastando el dinero durante la próxima semana. Se me ha ocurrido que quizá pueda ayudarte a planificar tus gastos; a lo mejor no es un problema de planificación sino que, simplemente, tengo que aumentarte la asignación o tienes que encontrar fórmulas que te permitan ganar un poco de dinero.

De este modo, estarás expresando tu idea de que la asignación no es más que un dinero que la familia comparte con su hijo para que éste la administre en las cosas que, previamente, se han acordado; tu hijo sentirá que tienes en cuenta su opinión y evitarás la constante pugna que se establece cuando haces depender la asignación de las notas o de la realización de pequeños trabajos.

Pero, no te fíes, tu hijo podría utilizar pequeñas argucias para que te sientas culpable y le aumentes la asignación. Ruth, una chica de catorce años que vive en un barrio acomodado, solía quedarse sin dinero a pesar de que sus padres le aumentaron su asignación cuando empezó a ir al instituto. Se quejaba a sus padres de que su asignación era muy baja y que no disponía del mismo dinero que sus amigas. Le dijo a sus padres que, en ocasiones, había tenido que pasar por la embarazosa situación de pedir dinero a sus amigas para ir al cine. «Se creen que no tenemos tanto dinero como ellas e incluso me han dicho que no hace falta que les devuelva el dinero», le contaba a sus padres. Los padres de Ruth se sintieron culpables y pensaron en aumentarle su asignación; pero un buen día hablaron con el padre de una de sus amigas y éste les dijo que, últimamente, todas las amigas de la pandilla se habían gastado mucho dinero en los multicines de la ciudad. Ruth tuvo que admitir la verdad y confesó que se había gastado gran parte de su asignación en los multicines.

¿Deben los hijos hacer uso de su asignación con total libertad?

Con once años, Craig ya se gastaba todo su dinero en música heavy. En una ocasión, tras ahorrar durante varias semanas, se compró un CD que incluía las letras de las canciones; estas letras no fueron del agrado de sus padres, que las encontraban sexistas y de mal gusto. De todas formas, las letras no eran el problema real, era la música heavy lo que les irritaba. Sus padres creían que este tipo de música estaba obstaculizando el potencial musical que su hijo atesoraba, no en vano ya llevaba tres meses asistiendo a clases de guitarra. No tuvieron otro modo mejor de atajar la afición de Craig que prohibirle comprar discos de música heavy con su asignación.

Al principio, Craig intentó convencer a sus padres y les explicó, que, la música heavy no era tan violenta y obscena como otros tipos de música, como el rap. Sus padres sabían que esto era cierto pero, aun así, mantuvieron su prohibición de gastar su asignación en «esa basura». Craig no pudo contenerse y les preguntó: «Pero, ¿cómo me podéis dar una asignación para decirme en qué me la tengo que gastar?».

La pregunta de Craig es muy instructiva. Los padres deben dejar que sus hijos gasten el dinero de su asignación como crean oportuno. No les permitas comprar cosas peligrosas o ilegales (armas, drogas, etc.), pero déjales cierto margen para que comentan errores. Si no les dejas utilizar el dinero como ellos quieren, en definitiva, si estás continuamente prohibiéndoles comprar lo que les apetece, los chicos creerán que no son lo suficientemente responsables para tomar decisiones con su dinero. Este mensaje puede hacer crecer en ellos cierta inseguridad y podría coartar la confianza que, en el futuro, necesitarán para tomar decisiones con su dinero.

6. Asignaciones

Por ello, si no te parece adecuado el uso que hace tu hijo de su asignación, te recomendamos que consideres las siguientes tácticas, antes de reñirle o, simplemente, de quitarle su libertad de elección:

- **Dialoga con tu hijo sobre en qué gasta su dinero, pero sin emitir juicios.** Anímale a que te hable sobre ese CD de música heavy, ese videojuego tan desagradable o ese juguete tan simple que quiere comprar. No se lo prohíbas. Razónale por qué no te gusta y déjale que exprese por qué le gusta a él; se trata simplemente de que compartáis vuestras ideas y actitudes. Ten en cuenta que, cuanto más enérgica sea tu repulsa, más atracción sentirá tu hijo por el objeto de la compra.

- **Establece límites generales basados en tus valores.** En otras palabras, define qué tipo de comportamientos no vas a admitir en tu casa. Por ejemplo, el no dejar que en tu casa se escuchen o canten canciones que inciten a la violencia contra las mujeres es un límite aplicable a todos los miembros de la familia, no sólo a tu hijo, pero, en sí, es muy específico. Si generalizas los límites, los harás menos efectivos, pues su interpretación y cumplimiento serán más complicados. Además, si estableces límites basándote en tus valores te será más sencillo atajar los problemas cuando estos se produzcan. Volviendo al caso de Craig, si el chico se compra un CD con letras obscenas, el problema no estaría en su asignación sino, más bien, en su comportamiento en casa; una vez que le dejes claro que no vais a consentir que ese artículo entre en vuestra casa, es cosa suya decidir si cambiarlo por otro en la tienda o tirarlo a la basura.

Nuestra sugerencia

Habla con tu pareja sobre qué vais a decir cuando vuestro hijo utilice su asignación para comprarse algo que consideráis inaceptable.

La asignación no es ni un premio ni un castigo

En muchas familias prósperas sólo se considera el aspecto estrictamente material del dinero. Las cosas de las que se han rodeado, coches caros, mobiliario de lujo, piscinas, les han hecho olvidar que el dinero también puede valer para otro tipo de cosas: para aprender, para apreciar el arte, para unir a las familias o para ayudar a los demás. En definitiva, el dinero es multidimensional, puede servir para muchas cosas y tus hijos deben aprenderlo.

Considerar la asignación como un premio denota un punto de vista muy pobre y limitado sobre el dinero. Sin embargo, no son pocos los padres que creen que lo más apropiado es que sus hijos se ganen el dinero con su esfuerzo. En realidad, lo ideal sería que los chicos ayudasen en casa como muestra de su colaboración a la vida familiar y no porque se les vaya a dar dinero; en otras palabras, tu hijo como miembro de la familia ha adquirido unos derechos: vivir en una buena casa, ir de vacaciones, pero también tiene que cumplir unos deberes, ayudar en casa.

Si quieres que tu hijo sea en el futuro un adulto responsable, es ahora, y tomando como ejemplo la vida familiar, cuando tienes que dejarle claro que, en cualquier aspecto de la vida, siempre va a tener derechos y deberes. Frases como: «Si no llegas a casa a la hora que yo te diga, no te daré dinero la próxima semana», o la otra cara de la moneda: «Si limpias tu habitación todos los días durante esta semana, te doblaré la asignación», harán que tu hijo sea un títere del dinero; si los acostumbras a este tipo de comportamiento, no sería extraño que en el futuro aceptase un trabajo simplemente porque está bien pagado o incluso que se convierta en un adicto al trabajo, con el único objeto de ganar más y más dinero.

Ten en cuenta que si utilizas la asignación para premiar o castigar, lo único que estás haciendo es «sobornar» a tu hijo para que haga cosas que debería hacer para ayudar a su familia o para aprender a ser autosuficiente; en definitiva, tu hijo utilizará la ecuación «comportamiento es igual a dinero». ¿Es eso lo que quieres conseguir? Si se limitan a pensar que un mal comportamiento es igual a poco dinero y un buen comportamiento es igual a mucho dinero, no les interesará saber dónde está el límite del bien y del mal sino, simplemente, si les vas a dar o a quitar dinero.

Uno de los aspectos más perniciosos de las asignaciones del tipo premio/castigo es que tu hijo puede llegar a acostumbrarse a «comprar» sus responsabilidades o deberes. Supón que uno de los deberes que has acordado con tu hija de catorce años es vaciar el lavaplatos todas las noches después de la cena. Después de la cena, tu hija suele estar muy ocupada y tiene tanta prisa que se va corriendo a casa de su vecina para estudiar, olvidando vaciar el lavaplatos; por ello, decides rebajarle su asignación en un dólar cada vez que no cumpla con su deber. En definitiva, estarías enseñando a tu hija a «comprar» sus responsabilidades: poder irse a casa de la vecina e incomodar a su padre, que ahora será quien tenga que vaciar el lavaplatos sólo le cuesta un dólar. Es una pugna padre-hijo en las que tienes todas las de perder. Imagina que tu hija olvida sus deberes todos los días y ya no te queda asignación de la que descontar más, ¿qué harías entonces si se negase a colaborar en las tareas familiares?

Aunque, a corto plazo, utilizar la asignación como una herramienta para modificar la conducta de tu hijo pueda ser lo más sencillo, a largo plazo, tu hijo puede pagar las consecuencias de no haber actuado correctamente. En el ejemplo anterior, lo adecuado sería centrarse en la situación que está obstaculizando que tu hija cumpla con su deber. Visto desde este punto de vista, la respuesta es sencilla, podrías decirle: «Cuando acabemos de cenar, vacía el lavaplatos y, después, te podrás ir a casa de Sue. Si no te viene bien después de la cena, podrías levantarte un poco antes por las mañanas o regresar a casa un poco antes para hacer esta tarea». De este modo, tu hija no relacionará los conceptos de comportamiento y dinero; es más, ni la estarás amenazando con un castigo, ni le estarás dando órdenes. Lo que estás haciendo es ayudarla a reconocer las consecuencias (no podré ir a casa de Sue hasta que no haya vaciado el lavaplatos) y a identificar alternativas razonables: puedo vaciar el lavaplatos por la mañana o antes de la cena.

Tampoco es muy adecuado hacer depender la asignación de las notas o el rendimiento deportivo de tu hijo. Recuerda el cuarto estadio del desarrollo del niño que definía Erik Erikson: «Perseverancia y sentido de competencia frente a inferioridad», la etapa en la que el niño, a sus seis o siete años, debería empezar a recibir una asignación. A estas edades, los niños quieren sentirse útiles y desarrollar sus capacidades. Tu hijo debería hacer sus deberes y sacar buenas notas por su satisfacción personal, no para que tú le des dinero. Debes reconocerle su esfuerzo y celebrar las buenas noticias que te traiga del colegio, pero nunca «comprar» sus notas pues el dinero podría conseguir que disminuyera su motivación.

7

Diversidad

Cómo «desproteger» a tu hijo

Si vives en una comunidad homogénea, compuesta por familias con el mismo estatus social, que envía a los chicos al colegio, a campamentos veraniegos y otras actividades, no te va a ser fácil enseñar a tu hijo el concepto de diversidad. Muchos niños crecen en barrios donde tener dos coches e irse de vacaciones en verano no se considera nada del otro mundo; es más, no son pocas las familias que envían a sus hijos a colegios privados, donde la condición social y económica de los chicos que estudian en ellos suele ser la misma; aunque no todos sean de la misma raza, la diversidad socioeconómica es mínima. No es extraño que los chicos que viven en estas comunidades, o que van a estos colegios, crean que tienen derecho a ciertos «lujos». Estos chicos dan por hecho que todo el mundo tiene un ordenador, un servicio de limpieza y su propia habitación, porque sus amigos lo tienen.

Si los padres se limitan a aceptar esta igualdad social, los chicos terminarán por despreciar a todo aquel que sea diferente. Este desprecio se puede manifestar de muchos modos, no siempre se exterioriza con prejuicios hacia las minorías o simplemente hacia aquellos que tienen menos dinero. Imagina que tu hijo se cría en un entorno socioeconómico homogéneo, los padres de sus amigos tienen el mismo nivel económico que tú y siempre evita a las personas que no tengan su estatus. ¿No crees que, cuando pasen los años y tenga que elegir su futuro, estará excesivamente condicionado por la opinión del grupo al que ha pertenecido toda su vida? Sabemos de más de un chico, hijo de padres adinerados, que «ha tenido» que ser abogado, médico o continuar con el negocio familiar cuando su sueño era ser alfarero. Estas actitudes prejuiciosas no son siempre conscientes; suelen radicar en una niñez superprotegida que inculca prejuicios hacia los que tienen menos.

Lo curioso del caso es que nuestro mundo es cada vez más diverso; los entornos sociales y laborales son más diversos que en el pasado. Si queremos que nuestros hijos desarrollen una vida normal, laboral y emocionalmente, deben aprender a apreciar a las personas que no tienen sus mismas costumbres y comportamientos. Si los chicos aprenden a valorar la diversidad socioeconómica, también aprenderán otro tipo de diversidad; si un chico se da cuenta de que alguien con poco dinero tiene tanto que ofrecer, intelectual y emocionalmente, como estudiante y como amigo, que el hijo de un millonario, habrá aprendido una de las lecciones más importantes de su vida.

Como veremos, todos los padres están preparados para enseñar esta lección de diversidad.

Diferenciar el tener del no tener

Es increíble el desconocimiento que tienen los hijos de las familias adineradas de la realidad económica del mundo en el que viven. No saben que su grupo, el de las personas sin problemas económicos, no representa más que un pequeño porcentaje en la sociedad y, por consiguiente, ignoran que hay familias que no le pueden dar a sus hijos todo lo que ellos tienen. A los chicos, por muy jóvenes que sean, no les resulta difícil entender la disparidad económica que existe en nuestro mundo. Conocer esta realidad puede ser muy revelador para un chico y puede tener una influencia decisiva en la consideración que se forme de los demás. Cuando un chico se compara con otros chicos y se da cuenta de lo que tiene, cuando se da cuenta de qué cosas se puede permitir su familia en comparación con otras familias, estará empezando a apreciar la diversidad económica; no es más que el primer paso, pero, sin duda, es muy importante. Muchos niños no llegan a dar nunca este primer paso y, como consecuencia, crecen sin llegar a tener verdadera conciencia de la disparidad económica que existe en el mundo; llegarán a adultos sin haberse parado a pensar que también hay familias que pasan penurias económicas y otras que no se pueden permitir los lujos que él ha venido disfrutando desde bien pequeño. La apreciación de esta diversidad económica es fundamental para valorar a todo el mundo por igual, independientemente de su estatus socioeconómico.

Nuestra sugerencia

Para saber si tu hijo es consciente de la diversidad económica, pregúntale si cree que todos los niños de su ciudad tienen los mismos juguetes que él, disfrutan de sus mismas vacaciones o pueden ir a su colegio. Si su respuesta te da a entender que tu hijo no es consciente de la disparidad económica, este capítulo te será útil.

Si tu hijo ya ha cumplido cinco años, el ejercicio que te proponemos a continuación le ayudará a concienciarse de la diversidad económica:

1. Necesitas lo siguiente: diez folios numerados del uno al diez, diez pedacitos de papel con la misma numeración, veinte galletas (sería conveniente que fuesen de avena, aunque valdría cualquier tipo de galleta que no se desmenuzase al hacerse trocitos), una fuente y diez personas (si no pueden asistir tus vecinos y sus hijos, puedes utilizar muñecos).

2. Pon diez galletas en la fuente y sitúala en el centro de la mesa; rodea la mesa con los folios, empezando por el folio número uno y siguiendo el orden hasta llegar al folio número diez.

3. Cada persona debe tomar un pedacito de papel y situarse delante del folio que tenga el mismo número. Explica que cada persona representa el diez por ciento de la población de Estados Unidos y que las diez galletas representan la riqueza del país.

4. Diles que vas a explicar cuál era la distribución de la riqueza en Estados Unidos hace veinticinco años. Pide al chico que esté delante del folio número uno que tome cinco de las diez galletas. Después, pide al resto de niños, nueve, que representan al noventa por ciento de la población, que se repartan las cinco galletas que quedan en la fuente. Explícales que hace veinticinco años, el cincuenta por ciento de la riqueza del país estaba en manos de un diez por ciento de la población. El resto de la población se repartía la otra mitad.

5. Ahora, haz las siguientes preguntas al chico que tiene cinco galletas:

   • ¿Cómo te sientes teniendo la mitad de la riqueza del país en tus manos?

   • ¿Cómo crees que se siente el resto de niños que tienen que repartirse la otra mitad?

   • Acumulas la mitad de la riqueza, ¿te crees mejor que los demás por ello?

6. Pregunta lo siguiente a los otros nueve niños:

   • ¿Cómo os sentís compartiendo la mitad de la riqueza?

   • ¿Os consideráis «peores» que el chico que tiene la otra mitad?

   • ¿Sois más feos, más estúpidos que él o simplemente tenéis menos dinero?

   • ¿Queréis que os juzguen por el dinero que tenéis?

   • ¿Te valoras a ti mismo según el dinero que tienes o el dinero es simplemente un aspecto más de tu vida?

7. Pon diez galletas más en la fuente. Diles que ahora vas a explicar la situación actual y que las diferencias han aumentado. En nuestros días, el diez por ciento de las personas acumulan el setenta por ciento de la riqueza de la nación. Por ello, ahora el chico que representa a ese diez por ciento debe tomar siete galletas.

8. Pide al resto de chicos, que representan el noventa por ciento de la población, que compartan las tres galletas que quedan; pero ahora, diles que van a dividir las tres galletas, del mismo modo que está repartido el treinta por ciento de la riqueza en América.

9. Para ello, fíjate en el gráfico que aparece a continuación, y explícales que:

El cuarenta por ciento está en manos de un uno por ciento de la población y un nueve por ciento de personas se reparte el treinta por ciento; en suma, un diez por ciento tiene el setenta por ciento de la riqueza. Es decir, que sólo queda un treinta por ciento de riqueza que ha de ser compartida por un noventa por ciento de la población. Pero, como sabrás, todas las estadísticas son engañosas: este treinta por ciento de riqueza tampoco se distribuye equitativamente, un sesenta por ciento (del noventa por ciento de población) acumula el 29,8 por ciento de la riqueza restante y un cuarenta por ciento, el 0,2.

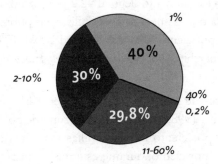

Distribución de la riqueza en Estados Unidos

10. Dile a los niños que comparten las tres galletas que partan cada una de ellas en diez trocitos. (Consejo: parte a la mitad cada galleta y cada mitad pártela en cinco pedazos). Ahora tienen treinta trocitos. Toma uno de estos pedacitos y pártelo en cinco partes iguales, aproximadamente; dale uno de estos trocitos a los cuatro chicos que están delante de los folios del siete al diez. Explícales que, hoy en día, un cuarenta por ciento de estadounidenses, cien millones de personas, comparten, literalmente, ¡una migaja! Ve más allá y explícales que treinta millones de personas viven por debajo del umbral de la pobreza y que cuarenta y dos millones no tienen seguridad social. El resto de galletas pertenece a los cinco chicos de los folios del dos al seis, que representan a ese sesenta por ciento de personas que se reparte un 29,8 por ciento del treinta por ciento que no está en manos de los más ricos.

Aunque un niño de cinco años se pueda perder en este mar de números y estadísticas, sí que entenderá el sentido general del ejercicio. En chicos mayores, este ejercicio puede ser el catalizador de muchas preguntas sobre la riqueza; tomarán un renovado interés por este tipo de temas. Si tu hijo tiene más de cinco años y le interesa este asunto, te sugerimos los siguientes temas de diálogo:

- En Estados Unidos, la riqueza de algunos aumenta en la misma proporción que la pobreza de otros. Entre 1983 y 1998, la riqueza neta de las familias más ricas aumentó una media del veinte por ciento, en algunos casos ese aumento llegó al 42,2 por ciento. Durante el mismo periodo, la riqueza neta de las familias más pobres disminuyó un setenta y seis por ciento. (Fuente: Edward N. Wolff, «Recent Trends in Wealth Ownership, 1983-1998», *Jerome Levy Economics Institute Report*, junio de 2000, vol. 10, n° 2.)

- Las estadísticas de ingresos también reflejan la disparidad económica. De 1979 a 1998, los ingresos del grupo de población formado por el veinte por ciento de las familias más ricas aumentaron un treinta y ocho por ciento; durante este mismo periodo, los ingresos del grupo de población formado por el veinte por ciento de las familias más pobres disminuyeron un cinco por ciento. (Fuente: *U.S. Census Bureau, Historical Income Tables*, Tabla F-3. Datos disponibles en www.census.gov).

- Un modo muy ilustrativo de explicar a tu hijo la disparidad de ingresos es considerar las horas de trabajo necesarias para comprar un artículo determinado. En la actualidad, el salario mínimo en Estados Unidos es 5,15 dólares; con este salario, una persona que trabaje cuarenta horas semanales, cincuenta semanas al año, ingresará 10.300 dólares. Esta cantidad es inferior a 11.250 dólares, la cifra que marca estar a un lado u otro del umbral de la pobreza. Con este sueldo, unas zapatillas Nike equivaldrían a casi treinta horas de trabajo, lo que vienen a ser tres días laborales y medio. Un profesional que gane 150.000 dólares al año sólo tendría que trabajar dos horas para comprar el mismo par de zapatillas.

¿Es que no todo el mundo vive igual que nosotros?

Nuestros hijos deben ser conscientes, intelectual y emocionalmente, de que nuestro dinero les permite disfrutar de unas ventajas que no tiene todo el mundo. Si no aprenden esta lección, creerán que su éxito en la vida se debe únicamente a las habilidades con las que han nacido; pensarán que maldecir su suerte es lo único que les queda a los pobres. Esta actitud genera elitismo y no da cabida a la empatía.

Pero veamos el ejemplo de Timothy.

Timothy es un buen muchacho. Tiene once años y está en sexto curso. Su padre es un empresario al que le van bien las cosas; por su parte, su madre dejó el trabajo cuando él nació para dedicarle todo el tiempo. Sus padres intentan por todos los medios que su dinero no malcríe a su hijo. A Timothy le van bien las cosas en el colegio privado en el que estudia y, además, ayuda en casa sin que se lo pidan sus padres. Sus amigos del vecindario son como él, buenos chicos que nunca se han metido en problemas de drogas ni de ningún otro tipo. En su cuarto, Timothy, al igual que sus amigos, dispone de ordenador, televisión y teléfono. Él y sus amigos creen que representan al chico medio estadounidense; ¿por qué no lo van a ser? «Es lo que nos han dicho nuestros padres y la televisión nos lo ha corroborado», piensan. Pero, evidentemente, no están considerando más que a los chicos de su vecindario, no ven más allá.

Esto explica que Timothy y sus amigos se burlen del modo de vestir de un chico del colegio, que se rían de la ropa tan vieja que utiliza; a ellos nunca les han pasado la ropa que se le ha quedado pequeña a un hermano mayor. También es ésta la razón del enojo de Timothy cuando sus padres se negaron a darle 100 dólares para ir a un concierto de rock al que iban a ir sus dos mejores amigos. En el fondo, Timothy era un incrédulo; en otras ocasiones sus padres sí le habían comprado las entradas, pero siempre habían sido conciertos más baratos. Timothy creía que sus padres estaban siendo injustos y le enfurecía que le prohibiesen algo a lo que él creía tener derecho.

Timothy es un caso de chico protegido emocional e intelectualmente. Aunque en alguna ocasión había pasado por algún barrio pobre o había visto en la televisión niños africanos muriéndose de hambre, para él esto solamente representaba una excepción. En el mundo hay gemelos siameses y lagartos venenosos, pero no entran a formar parte de su conciencia diaria. En realidad, no se ha parado a pensar en las personas que no pertenecen al grupo económico en el que está encuadrado; por ello, los chicos como Timothy no saben cómo viven la gran mayoría de personas. En su entorno protegido, casi nunca, o nunca, el dinero ha sido causa de ansiedad o inseguridad; ésta es la razón que les lleva a despreciar a aquellos que sí han sufrido ansiedad o inseguridad. Para estos chicos, sólo hay ganadores y perdedores. Como consideran que su entorno es el «normal» y su estatus socioeconómico se vincula en sus cabezas con ser «normal», creen que ellos se merecen todo lo que tienen. Desprecian a los que no tienen, no los consideran importantes ni merecedores de otras cosas.

Nuestra sugerencia

Para saber si tu hijo es consciente de la diversidad económica, fíjate en los comentarios que haga sobre personas o grupos que estén atravesando dificultades económicas: sus comentarios, ¿denotan simpatía o todo lo contrario?

El currículum escolar y el currículum social

Timothy y sus amigos tienen que darse cuenta de que no son mejores; simplemente, sus padres tienen más dinero. Desgraciadamente, la sociedad, los colegios y los medios (algunas veces inintencionadamente) proyectan con frecuencia la idea de que tener dinero es lo mejor que le puede pasar a una persona.

En su libro *The Children Are Watching*, Carlos E. Cortés basa los sentimientos y creencias que tienen los jóvenes en torno a la diversidad en dos fuentes principales: «el currículum escolar» y «el currículum social». Como su propio nombre indica, el currículum escolar es el sistema educativo formal. El currículum social es una fuente paralela de educación sobre diversidad muy influyente.

De todos los mensajes que los chicos aprenden en el currículum escolar y que después refuerzan el currículum social, quizá los dos más negativos y perjudiciales son el clasismo y el individualismo competitivo.

El *clasismo* consiste en dar un tratamiento diferente a cada persona o grupo de personas dependiendo de la clase a la que pertenece o pertenecen. Básicamente, el clasismo consiste en crear estereotipos basados en una característica identificable, como el sexo, la raza o el estatus económico. Aunque se supone que el sistema educativo debería combatir estas ideas, en realidad, lo que está haciendo es todo lo contrario. En septiembre de 1970, *Harvard Education Review* dio cabida entre sus páginas a un estudio en el que Ray Rist, tras tres años de investigación, demostraba que las expectativas de los profesores sobre el potencial académico de sus alumnos se basaba casi por completo en el estatus racial y socioeconómico de los niños. Los profesores dividían sus clases en dos grupos, el grupo de los que ellos creían que iban a tener éxito y el grupo de los que, según sus expectativas, fracasarían en la vida. Este estudio desveló que, durante el año escolar, los profesores dedicaban más tiempo a los grupos que, según ellos, tendrían éxito en la vida. Dedicando menos tiempo a aquellos que creían que iban a fracasar, los profesores daban vida a su profecía.

En *Open Minds to Equality*, Nancy Schniedewind y Ellen Davidson definen *individualismo competitivo* del siguiente modo:

La idea de que los éxitos o fracasos en la vida de una persona dependen únicamente de sus méritos y esfuerzos, y de que todas las personas tienen las mismas oportunidades de competir y tener éxito. De este modo, se ignora por completo la influencia que tiene la identidad social, la raza, el sexo y el estatus social, en el devenir de una persona.

> El individualismo competitivo refuerza los estereotipos creados por el clasismo. Si todos luchan en las mismas condiciones, ganadores y perdedores tendrán lo que se merecen realmente. Sin duda, el colegio alienta la idea del individualismo competitivo.

Para demostrar su idea, Scheniedewind y Davidson ponen como ejemplo los concursos científicos que se organizan en el colegio: «Los concursos científicos son competitivos y, normalmente, los ganan los estudiantes que reciben más ayuda de sus padres».

Pero el currículum social alienta aún más el individualismo competitivo; el libro de Dinesh D'Souza, *The Virtue of Prosperity: Finding Values in an Age of Techno-Affluence*, es un claro ejemplo. Para este escritor: «La pobreza ya no es un problema importante en América». D'Souza se adhiere a los comentarios de Peter Huber, a quien describe como un «entusiasta de la nueva economía». Huber argumenta que: «A finales del siglo XX, América ha sido capaz de doblegar al monstruo de la escasez material... Sí, es cierto, todavía hay ricos y pobres entre nosotros, pero es relativo, es la pobreza y no la desigualdad lo que se ha acabado». D'Souza cree que: «Los treinta millones de personas que viven por debajo del umbral de la pobreza no son realmente pobres; el noventa y ocho por ciento tiene frigoríficos, casas y ropa que no tenía el estadounidense medio hace cincuenta años» y por cierto, «las personas pobres suelen informar a la baja sobre sus ingresos, sin duda, para poder seguir percibiendo las ayudas federales». Según D'Souza, los pobres no sólo no son pobres, sino que además mienten sobre sus ingresos. Las personas que tienen estas ideas creen que la pobreza, sencillamente, no existe y están convencidos de que los pobres tienen lo que se merecen.

El clasismo y el individualismo competitivo no permiten a los niños ver el mundo real con claridad. No pueden entender que uno de sus compañeros de colegio no pueda permitirse ir a clases particulares, tenga que dedicar parte de su tiempo de estudio a cuidar a su hermana pequeña o que sus padres no sepan ayudarle con sus deberes o no tengan tiempo para ello. La mayoría de padres no quiere que vuestro hijo crea que todo el mundo tiene las mismas oportunidades o que se convierta en un chico elitista; para evitarlo, tendrás que intervenir a tiempo.

Nuestra sugerencia

Si tus hijos ya han cumplido doce años, alquila la película *Stand and Deliver*, que cuenta las peripecias por las que pasan unos chicos de clase baja en Los Ángeles para aprobar su asignatura de matemáticas. Ve la película con tus hijos y pregúntales qué opinión les merece.

Ocho ejemplos para enseñar diversidad

Para combatir la gran cantidad de mensajes de clasismo e individualismo competitivo que bombardea a nuestros hijos, tenemos que enseñarles a valorar a las personas por su carácter, por quiénes son (y no por lo que tienen), por los obstáculos que han superado y por lo que han conseguido en su vida. Hay muchos modos de hacerlo, todo depende de cómo sois tú y tu hijo.

A continuación, te ofrecemos ocho sugerencias que, con casi toda seguridad, os valdrán para criar chicos que sean conscientes de la diversidad.

1. **Identifica tus propios valores sobre la diversidad y determina si tus actos son congruentes con tus palabras.** Asumimos que la mayoría de los lectores de este libro valorarán la diversidad socioeconómica y racial, pero deberías pensar también en tus sentimientos en torno a este tema. Asumiendo que consideras que la diversidad es un valor importante, revisa tus actos del año pasado con las siguientes preguntas en mente:

   - ¿Tratas a la persona que te ayuda en casa y a los dependientes de los comercios con respeto?

   - ¿Han salido de tu boca comentarios negativos hacia las personas desfavorecidas o te has referido a ellos con términos como «basura» o alguna expresión por el estilo?

   - La mayoría de tus amigos, ¿son de tu mismo nivel socioeconómico? Las personas que invitas a tu casa (con las que te ven habitualmente tus hijos), ¿pertenecen a un mismo grupo social o hay diversidad?

   - ¿Has intentado explicar a tu hijo qué es y cómo se distribuye el dinero? ¿Le has dicho que más allá de su vecindario hay otro mundo y que es importante que tome conciencia de él?

2. **Relaciona tus ingresos con el coste de los productos y servicios que dedicas a tu hijo.** Si ganas 150.000 dólares al año y dedicas 15.000 a educación, puedes explicar a tu hijo que la enseñanza es un asunto tan importante para tu familia que dedicas más de un mes de trabajo a ganar el dinero para pagar el colegio; luego, compárate con alguien que gane 30.000 y explícale que este padre tendría que dedicar la mitad de lo que gana al año para llevar a su hijo al mismo colegio. Si repites este ejercicio varias veces al año, tu hijo se dará cuenta de que no todo el mundo puede permitirse las cosas de las que vosotros

disfrutáis en vuestra familia y que no todas las personas tienen el mismo poder adquisitivo. Puedes aprovechar el gráfico de la *Tarta del dinero de la vida* (capítulo 4) para explicar el concepto gráficamente. Enfatiza la idea de que ganar más dinero que los demás no te hace mejor, simplemente tus ingresos son superiores.

3. **Juega con tu hijo al juego de las galletas y al del limón (apropiado para chicos de ocho años o menos).** Reúne a cinco chicos y dales un limón a cada uno. Pídeles que te expliquen si encuentran algo especial en su limón; quizás sea un poco más claro o la piel esté algo más rozada. Recoge los limones, deposítalos en una fuente y pide a los chicos que tomen su limón. Incluso los niños de cuatro años diferenciarán su limón fácilmente. Ahora, toma los limones, pélalos, ponlos otra vez en la fuente y pídele a los chicos que encuentren su limón. Obviamente, no podrán. Explícale a los niños que las personas son como los limones: por fuera somos diferentes, pero, por dentro, somos todos iguales. Es ésta una enseñanza que no les será difícil de aprender. Después, aprovecha los limones y prepárales una limonada.

4. **Educa a tu hijo en formación sobre diversidad.** La mayoría de nosotros tiene poca o ninguna experiencia en ayudar a otros a apreciar la diversidad; nos da la sensación de que no sabemos hacerlo o que no lo vamos a hacer del modo correcto. La solución, leer un buen libro sobre el tema: *Open Minds to Equality*, de Nancy Schniedewind y Ellen Davidson, es nuestra sugerencia. En esta obra, puedes aprender todo lo relacionado con la transmisión de valores en torno a la diversidad socioeconómica, la raza, la religión y la edad. Otra buena fuente de información sobre diversidad es *World of Difference Institute*, un programa que puso en marcha la *Anti-Defamation League* y WCVB-TV, en Boston, 1985; el núcleo central del instituto es *Classroom of Difference*, un programa de diversidad dirigido a colegios e institutos. Aunque el programa está dirigido a los profesores,

ya han participado unos 350.000 hasta la fecha, también puede resultar útil para los padres. *ADL Resources for Classroom and Community* es otro recurso que te recomendamos. Se trata de un catálogo gratuito de libros, vídeos y otros materiales útiles para enseñar diversidad, que está disponible en el sitio Web de ADL, www.adl.org, y en algunas bibliotecas públicas.

5. **Cuida tus gustos televisivos y de lectura.** Algunos estudios han demostrado que la cantidad de horas que los chicos están frente al televisor y la calidad o el tipo de programas que ven dependen considerablemente de lo que, en este aspecto, hagan sus padres. En un estudio realizado a finales de los años 80, *Television and Socialization of Young Children*, Aletha C. Huston y John C. Wright, del *Center for Research on the Influences of Television on Children* de la Universidad de Kansas, subrayan que los hábitos televisivos de los padres influyen considerablemente en el niño. Cuando padre e hijo se sientan frente al televisor, es el primero el que elige los programas que van a ver, mientras que el chico ve y calla. Sería conveniente que vieseis documentales y programas dedicados a la historia. En cuanto a la lectura, te recomendamos libros y periódicos que reflejen diversidad cultural, económica y de estilos de vida.

6. **Aprovecha la televisión para enseñar.** Si ves con tu hijo programas que reflejen algún aspecto de la diversidad, no te limites a ver y callar; es un momento propicio para transmitir valores. No se trata de impartir una lección a tu hijo, sino de sacar un tema palpable en el programa y que tu hijo pueda no estar entendiendo. Por ejemplo, si en un programa de televisión aparece una persona cursi, díselo a tu hijo y pregúntale si conoce a alguien así. En un intermedio o tras el programa, podéis hablar sobre el comportamiento de las personas cursis.

7. **Enseña a tu hijo la diferencia entre generalización y estereotipos.** Los estereotipos tienden una trampa en la que suelen caer muchos hijos de familias prósperas. Escuchan cosas a sus amigos y luego las repiten. Ven a un niño que en el colegio no obtiene buenas

notas y lo estereotipan como «vago». Aunque es cierto que en el colegio hay niños vagos, no todos los niños que no logran buenos resultados lo son; pueden estar limitados por las razones que hemos visto en páginas anteriores, escasez de recursos, padres sin formación, dificultades con el idioma o responsabilidades extraescolares, entre otras. Nuestros hijos deben desarrollar la habilidad de preguntarse a ellos mismos si las creencias que tienen sobre otros grupos son generalizaciones que se pueden aplicar correctamente a *algunos* de los miembros del grupo o, por el contrario, son estereotipos que se aplican injustamente a *todos* los miembros del grupo. Dialoga con tus hijos sobre la diferencia entre *algunos* y *todos* y pídeles que te pongan ejemplos que hayan escuchado en el colegio.

Nuestra sugerencia

Lee la programación televisiva y coloca una «D» de *diversidad* al lado de los programas que, por su descripción y por tu experiencia, transmiten el tipo de enseñanza que deseas para tus hijos.

8. **Amplía los horizontes de tu hijo.** Si te importa la diversidad, expón a tu hijo a realidades socioeconómicas diferentes a la tuya, de un modo inteligente y con cuidado. Te proponemos las siguientes opciones:

- Elige colegios que se preocupen de la diversidad socioeconómica. Muchos colegios, tanto públicos como privados, incluyen en su currículum programas comprometidos con la comunidad. Antes de decidir a qué colegio llevar a tus hijos, habla con profesores y alumnos sobre el currículum al que se adhiere el colegio.

- Expón a tu hijo a la diversidad socioeconómica. Hay personas que viven toda su vida sin salir de la comunidad rica y opulenta en la que les ha tocado en suerte nacer. Si vives en una comunidad rica es posible que la única exposición a la diversidad económica que tenga tu hijo sea la persona que venga a limpiar la casa o el personal de los supermercados de la zona.

- Viaja a lugares con otras culturas. No vayas al mismo sitio todos los años y no te hospedes en hoteles que te aíslen de la realidad del lugar en el que estás. No dediques todo tu tiempo a hacer turismo, intenta que tu hijo entre en contacto con las personas que viven en la comunidad que estás visitando. Una pareja que conocemos alterna hoteles de lujo con otros más humildes, para que su hijo asuma que no siempre que viaje se va a hospedar en los mejores sitios.

- Colabora con organizaciones locales que te permitan entrar en contacto con la diversidad económica de tu zona. *Funding Exchange* es una red de quince fundaciones que ofrecen apoyo económico a iniciativas en favor de la comunidad. Su sitio Web es www.fex.org. Hablaremos con más detalles sobre esta fundación en el capítulo 8.

- Haz de tus vacaciones un voluntariado. Hace algunos años, Bill McMillon, autor de *Volunteer Vacations*, asistió a una conferencia del psiquiatra Karl Menninger. En dicha conferencia se le preguntó a Menninger qué debía hacer una persona cuando creía que iba a tener un ataque de nervios. Su respuesta fue: «Salir de su casa e irse en búsqueda de alguien necesitado a quien ayudar». Como apuntó McMillon, no importa donde vivas, para ayudar tienes que ir a donde se encuentre la persona necesitada. *Volunteer Vacations*, que ya va por su séptima edición, ofrece doscientas cincuenta organizaciones en todo el mundo que permiten a los interesados combinar vacaciones y filantropía. Por ejemplo, las siguientes:

  - *British Trust for Conservation Volunteers*, en Oxfordshire, organiza actividades muy diversas. Las actividades pueden ir desde arreglar caminos en las Highlands escocesas hasta controlar por radio los lobos de Eslovaquia.

- *Global Citizens Network* está buscando voluntarios que quieran vivir con familias de Guatemala y Nepal, y aprovechen su estancia para colaborar en proyectos de desarrollo de la comunidad, como la construcción de clínicas, la renovación de centros de juventud y la fabricación de material para guarderías. Lo único que hay que tener es «voluntad para experimentar y aceptar una cultura nueva».

- *Malta Youth Hostels Association Work Camps*, en Pawla, Malta, necesita voluntarios que colaboren, de dos a tres meses, en albergues juveniles y otras organizaciones filantrópicas.

- *Quest*, en Mt. Rainier, Maryland, trabaja con agencias que ofrecen ayuda a vagabundos, niños con SIDA y a los niños de un orfanato de Tijuana.

- *World Horizons International* en Bethlehem, Connecticut, lleva a cabo programas rurales en Alaska, África, el Caribe, Sudamérica, Centroamérica y Samoa. Los programas van desde la construcción de centros, a la organización de campamentos para los niños, pasando por la atención a la tercera edad.

Educar niños que aprecien la diversidad económica, social y cultural de nuestro mundo es una tarea importante para todos los padres, sobre todo, para las familias que viven en comunidades prósperas. Utiliza las técnicas que te hemos enseñado en este capítulo para que tu hijo desarrolle una actitud apropiada hacia aquellos que no tienen lo mismo que él.

8

Dad y se os dará

Si el tuyo es un entorno próspero y quieres criar chicos responsables, no lo dudes, da a la filantropía un lugar destacado en tu sistema de valores. No te demores, tu hijo no necesita tener una edad determinada para entender qué es ayudar a los demás y cómo se puede hacer. En palabras de Peter Karoff, fundador y presidente de *Philanthropic Initiative, Inc.*, una organización fundada en 1989 para apoyar y alentar el crecimiento de la filantropía estratégica, el único modo de transmitir valores filantrópicos a los niños es: «Practicándola. Si quieres que tus hijos jueguen con arena, tienen que tener arena».

Cuando hablamos de filantropía, nos estamos refiriendo a dar en el más amplio sentido de la palabra. Evitamos la palabra *caridad*, del vocablo latino *caritas*, que significa «con el corazón». La caridad consiste en aportaciones voluntarias de dinero que se dan a personas necesitadas o a organizaciones con fines benéficos. Por su parte, la palabra filantropía es una combinación de dos vocablos griegos (*philein*, amor, y *anthropos*, hombre) y significa el deseo de ayudar a la humanidad. Preferimos utilizar esta última palabra porque engloba a todas aquellas actividades y esfuerzos que intentan hacer del mundo un lugar más habitable.

La filantropía no es un valor que sólo los ricos puedan desarrollar. Jilliene T. Schenkel, una experta californiana que asesora a familias y personas ricas sobre cómo planificar sus asuntos hereditarios, ha observado que «la responsabilidad de ayudar a los demás no está ligada al dinero sino más bien a la propia existencia. El dinero es algo accesorio; si lo tienes, puedes aprovecharlo. La prosperidad no hace sino facilitar nuestra tarea de mejorar el mundo».

Inmersos en una sociedad cada vez más laica, muchos de nosotros hemos perdido ese impulso filantrópico. Todas las religiones expresan, de un modo u otro, nuestra obligación de ayudar a los demás. El Cristianismo («Ama a tu prójimo como a ti mismo»), el Judaísmo («no hagas al prójimo lo que no quieras que te hagan a ti») y el Islam («Nadie cree si no ama a su hermano como se ama a sí mismo»). Palabras como «limosna» en el Cristianismo, «*Tzedakah*» (la caridad) y «*Tikkum Olam*» (la obligación de todos los creyentes de trabajar con Dios para perfeccionar el mundo) en el Judaísmo y, finalmente, «*Zakaat*» (donaciones, uno de los Cinco Pilares sobre los que descansa el Islam) son sinónimos de un mismo concepto que todos los creyentes deben considerar.

Sin embargo, la influencia de las religiones es cada vez menor y tu hijo ya no está tan expuesto a estas ideas como lo estuviste tú. Por ello, ahora recae en ti la responsabilidad de transmitir estos valores, seas o no creyente. Si lo haces, será una ventaja para tu hijo a medida que crece.

Nuestra sugerencia

Considera cómo las ideas religiosas influyeron en tus actitudes filantrópicas cuando eras niño. ¿Qué te enseñaron? ¿Tienen tus hijos la misma idea de filantropía que tú cuando eras niño?

El efecto psicológico de la filantropía

Alfre Woodard, actriz ganadora del Emmy y del Globo de oro, fundadora de *Artists for a New South Africa*, escribe en el prólogo del libro *Robin Hood Was Right* de Chuck Collins y Pam Rogers: «La generosidad une emocional y activamente, más allá del tiempo y del espacio, a personas que han hecho de nuestro mundo un lugar más libre, más agradable y más justo. La filantropía y el activismo son dones de la persona. Dando, nos libramos de nuestro propio cinismo y alineación».

El compromiso con la filantropía permite a los niños ir superando los estadios de desarrollo con más sentido. Como vimos en capítulos anteriores, a los seis o siete años, los niños entran en el estadio de la «perseverancia», una etapa en la que el objetivo es sentirse útiles. La filantropía ayuda a lograr ese sentimiento de logro, «Estoy ayudando a los demás», e inhibe el sentido de superioridad o privilegio que puede nacer en estas edades. Durante la adolescencia, cuando los niños buscan su identidad, la filantropía les permite saber quiénes son y les ayuda a definir su función o papel en la sociedad. La satisfacción que se obtiene al ayudar con respeto y alegría a los necesitados alimenta un sentimiento de «control» sobre la vida. Ofreciendo desinteresadamente su tiempo, los chicos encuentran una respuesta satisfactoria a la pregunta «¿Quién soy yo sin el dinero de mi familia?». Todo ello sin contar con lo positivo de compartir estas actividades con los demás miembros de la familia.

Los hijos de familias prósperas reciben tantas cosas que para ellos no existe nada más que ellos mismos y sus necesidades; este egocentrismo puede desaparecer con la filantropía. Ayudando, dando a los demás, se demuestran a sí mismos que ellos no se limitan simplemente a recibir, sino que también pueden dar; el dinero deja de ser algo que les permite comprar y se convierte en algo que les permite mejorar las vidas de otras personas. Por todo ello, te recomendamos que involucres activamente a tu hijo en actividades filantrópicas. Ver el resultado de su ayuda tendrá para el chico un efecto inolvidable; es una experiencia enriquecedora, sobre todo, para los chicos más jóvenes que encuentran en la filantropía un modo de influir en lo que les rodea. Repartiendo comida y regalos obtendrán un sentimiento profundo de qué lugar ocupan en este mundo. *Sentirse* bien ayudando a los demás es el mejor antídoto contra la avaricia y el sentimiento de privilegio que bien podría nacer en ellos viviendo en este mundo tan materialista.

Finalmente, la filantropía es una actividad que tiene mucho sentido por sí misma. Este punto es especialmente importante considerando que estamos hablando de adolescentes, quienes suelen ver el mundo desde una perspectiva existencial.

La filantropía evita que sólo piensen en sus propias necesidades y que quieran compartir con los demás. Ayudando a personas que carecen de lo más elemental, sus vidas cobrarán sentido..., y este puede ser un punto de inflexión definitivo en sus vidas para pasar de ser adolescentes a ser adultos responsables.

Los cimientos de la filantropía familiar

Aunque lo que acabamos de explicar sea obvio y no admita discusión, muchos padres se resisten a incluir la filantropía en su vida diaria. Muchas familias, que podrían hacerlo, no adquieren el compromiso de dedicar parte de su tiempo y algo de su riqueza a ayudar a los más necesitados. En nuestra opinión, son tres los obstáculos que separan a estas familias de la realización de actividades filantrópicas.

En primer lugar, los problemas que tienen algunos padres en la dimensión del uso del dinero. No deshacerse de su dinero, ni siquiera para una buena causa; en otras palabras, se niegan a realizar actividades filantrópicas simplemente por el coste que conllevan. Su postura puede cambiar si se dan cuenta de que las actividades filantrópicas pueden ser muy beneficiosas para el desarrollo de su hijo. En definitiva, y como le pasó a Ebenezer Scrooge, se pueden dar cuenta de que compartir el dinero es mejor que contarlo. Sin embargo, hay otras personas que tendrán que asistir a algún tipo de terapia para llegar a esta conclusión.

En segundo lugar, hay personas que creen que la filantropía comienza (y finaliza) en casa. Puede que no sufran ningún problema psicológico a la hora de gastar dinero, pero sí que les cuesta gastar el dinero en otra cosa que no sea en ellos mismos.

Sus prejuicios hacia las personas necesitadas les separa de las actividades filantrópicas... y no les resulta fácil desprenderse de estos prejuicios.

Estos dos obstáculos que acabamos de definir son difíciles de superar; el tercero, mucho más común, no es ni mucho menos insuperable. El problema de muchas personas, padres o hijos es, simplemente, que no saben cómo involucrarse en este tipo de actividades. Aunque todo el mundo sabe qué es dar y cómo se hace, el concepto de involucrarse «productivamente» puede resultar difícil de entender. Vamos a intentar explicarlo en los apartados que aparecen a continuación.

El primer paso

En el camino que lleva a la filantropía, hay tendidas dos trampas que pueden resultar muy peligrosas para las familias adineradas.

En primer lugar, no limites tus actividades filantrópicas a firmar cheques. Donar dinero a organizaciones de beneficencia es muy importante, pero tus manos también lo son, en ellas está la clave de tu satisfacción y la de tus hijos.

En segundo lugar, no te conviertas en un voluntario de actitud paternalista. No todo el mundo está preparado para ser voluntario; para algunos donar dinero es suficiente. En definitiva, el dinero siempre ayuda de un modo u otro a los más necesitados. Ser voluntario es otra cosa. El voluntario debe separar la persona de las circunstancias en las que está inmerso: pobreza, mendicidad, drogadicción o falta de formación; no importa la situación, la persona con problemas siempre ha de ser tratada con respeto. No hay cosa peor que el voluntario que responde con superioridad a todas las preguntas, que basa su ayuda en su superioridad intelectual y que, al final del día, se va a la iglesia para vanagloriarse de lo que ha hecho. Si realmente crees que no puedes involucrarte en una ayuda de igual para igual, con respeto, es mejor que te limites a firmar cheques. Un dramaturgo del siglo xv escribió: «Es más importante cómo se da que lo que se da».

Siendo consciente de estos dos obstáculos, lo primero que deberías hacer es decidir qué tiempo y dinero puedes dedicar anualmente a actividades filantrópicas. Aunque sería bueno que tus hijos participasen en la toma de esta decisión, obviamente, corresponde a los padres designar la cantidad que ellos crean conveniente. La cantidad de dinero que dediques no es lo más importante. Puede ser un diez por ciento de tus ingresos o una cantidad determinada basada en lo que hayas ingresado al año. Debe ser un porcentaje o cantidad que no te suponga ningún problema.

Pero esto no es suficiente, especialmente si tu hijo es joven. Firmar un cheque para donarlo es un concepto demasiado abstracto para un niño de cuatro o cinco años; los niños entienden las cosas con experiencias, no con abstracciones. Por ello, involucrarse en actividades de voluntariado es la clave..., y es que los niños no nacen con un deseo de trabajar para lograr un mundo mejor, eres tú quien tiene que hacer aflorar esos deseos.

Si tu hijo tiene de tres a cuatro años tendrás muchas oportunidades para enseñarle comportamientos filantrópicos. Por ejemplo, Sherry, empezó a enseñar este tipo de comportamientos a su hija Tracy cuando ésta sólo tenía tres años. Le contó que había muchos padres que no tenían dinero para comprarle juguetes a sus hijos. (Ten en cuenta que, a estas edades, las explicaciones deben ser lo más simple posibles; un niño de tres años nunca entenderá las causas de la pobreza). Sherry le sugirió a su hija que metiese en un saco todos los juguetes que hubiesen pasado de moda. Tomaron el saco y lo llevaron al refugio de una iglesia local. Ahora, Tracy tiene cinco años y repite esta buena obra varias veces al año. En ocasiones, ya en el coche con el saco lleno de juguetes, Tracy cambia de opinión y le dice a su madre que alguno de los juguetes que van a dar todavía le interesan; la madre siempre accede y le sugiere que la próxima vez que vayan al refugio incluirán el juguete en el saco.

Robert y Jane, de ocho y diez años, colaboran en el día judío que se celebra en su colegio con la finalidad de ayudar en un comedor benéfico. Los viernes, cada niño lleva al colegio dos latas de comida. Para que el comedor funcionara, los padres decidieron que toda la familia dedicase varias horas a la semana a trabajar allí; la pequeña, de cuatro años, también va y ayuda a poner las latas en las estanterías más bajas.

Si colaboras con alguna organización sin ánimo de lucro, lleva a tu hijo a alguna reunión; le puede abrir los ojos. Anne colabora con varias asociaciones locales; le dijo a su hija que si le acompañaba a una de las reuniones, de camino de vuelta a casa, le compraría un helado. Tras la reunión, su hija se preguntaba por qué las reuniones se celebraban después de la cena y no durante el día. Le sorprendió que todos los asistentes a la reunión fueran voluntarios, que trabajaban durante el día, y dedicasen su tiempo libre a colaborar con la organización. Con esta experiencia, la chica no sólo entendió el concepto de voluntariado, sino que Anne aprovechó este momento para describirle a su hija otras actividades filantrópicas que, además de ésta, realizaba. Posteriormente, Anne descubrió que su hija, sin decirle nada a nadie, donaba a la organización parte de su asignación.

Puede resultar más complicado si tu hijo es un poco mayor, un adolescente. De hecho, cuando organizamos talleres, nos preguntamos cómo podemos convencer a un chico desganado de catorce o quince años para que se involucre en alguna buena causa. ¿Qué podemos hacer para que un chico de esta edad considere la filantropía un valor familiar importante? Esta pregunta nos recuerda cuando en el colegio de nuestros hijos se organizaban clases para los padres; en una ocasión, un padre le preguntó al profesor de música qué podía hacer para que a su hijo de quince años le gustase la música clásica; y se olvidase del rap. El profesor contestó con otra pregunta: «¿Qué clase de música escuchas cuando estás con tu hijo en casa?»; la respuesta del padre fue tajante: «Estoy demasiado ocupado para dedicarme a escuchar música con mi hijo». Este padre nunca estableció la relación entre su pasividad didáctica y la pasividad que mostraba su hijo por la música clásica. La filantropía se demuestra con los hechos, es algo más que retórica y firmar cheques.

A medida que pasan los años, los chicos van formando su propia idea del mundo, de los demás y de ellos mismos. Si tu hijo adolescente se niega a involucrarse en causas filantrópicas, quizás se deba a que tú no has sido el mejor ejemplo posible. Pero, aun siendo así, no hay nada perdido, todavía lo puedes conseguir. A continuación te proponemos una lista con las cosas que debes y que no debes hacer para conseguir que tu hijo se involucre en actividades filantrópicas:

- Hazle saber a tu hijo quién eres y cuáles son tus valores; para ello, explícales en qué actividades filantrópicas estás involucrado.

- Busca alguna relación entre las aficiones de tu hijo y alguna actividad filantrópica; encuentra algo que les toque su fibra sensible (por ejemplo, un joven aficionado al deporte podría involucrarse en una organización que ayudase a atletas retirados o que necesitasen ayuda).

- Si su interés no es obvio desde un primer momento, ofrece varias posibilidades a tu hijo; háblale de tres o cuatro actividades filantrópicas para ver si alguna de ellas le interesa.

- Sé razonable en cuanto al tiempo de dedicación; empieza con una actividad que solamente exija su participación una o dos veces al mes (deja que sea él quien vaya aumentando el tiempo que dedica a estas actividades).

- Participa con tu hijo en su esfuerzo de voluntariado; si colabora en un comedor asistencial, ve con él y aporta tu granito de arena.

- Tras colaborar, habla con tu hijo sobre lo que habéis hecho; déjale que se exprese (para la mayoría de los chicos supone un gran impacto trabajar con personas diferentes a las que están acostumbrados y en lugares nuevos para ellos).

- No le fuerces a colaborar con frases como «nada más que piensas en ti»; no hagas de él un voluntario a la fuerza.

- No le hagas sentirse culpable por lo mucho que él tiene y por lo poco que tienen los demás. El objetivo del ejercicio de las galletas del capítulo 7 era concienciar al chico de la diversidad socioeconómica que existe en nuestro mundo y no hacer que se sintiera culpable.

- No le impartas «conferencias» sobre filantropía; en los adolescentes, es normal cierto grado de egocentrismo. Desarrolla normalmente tus actividades y, de vez en cuando, hazle saber lo que estás haciendo.

- No consideres la colaboración en alguna buena obra un castigo para tu hijo; no le digas cosas como «tendrás que hacer esto hasta que seas más compasivo con los demás».

- Consulta el apéndice final de este libro; en él te ofrecemos sitios de Internet muy útiles para estos fines.

Nuestra sugerencia

Elabora una lista con todas las organizaciones con las que hayas colaborado económicamente durante los últimos años. ¿Cuál de ellas elegirías como la más adecuada para involucrar a tu familia en actividades de voluntariado?

Opciones para involucrarse

Algunos padres con los que hemos trabajado se sienten intimidados por la gran cantidad de organizaciones benéficas que existen; no en vano eran más de 47.000 las que existían en Estados Unidos en 1998. Las ayudas concedidas ascendieron a los 22 mil millones de dólares y sus activos sumaban un total de 385 mil millones. Con tal cantidad de organizaciones, puede resultarte difícil elegir la que mejor se ajusta al perfil de tu familia. A continuación, vamos a definir los tres tipos básicos de organizaciones filantrópicas:

1. Las organizaciones benéficas públicas.

2. Las fundaciones familiares.

3. Las fundaciones de la comunidad.

Se considera que una organización benéfica es pública cuando una parte considerable de sus ingresos proviene de los ciudadanos en general. Si una organización benéfica es costeada por una persona o una familia, recibe el nombre de *fundación familiar* (o *fundación privada*). Si colaboras económicamente con una organización pública deducirás más impuestos; sin embargo, si lo que quieres es crear tu propia organización, te será más fácil adaptarte al esquema de una fundación familiar.

Las fundaciones de la comunidad toman aspectos de unas y de otras; ofrecen la deducción de impuestos de las organizaciones benéficas públicas y la flexibilidad de las fundaciones familiares.

Pero vamos a examinar con más detalle cada uno de estos tipos para facilitarte la elección.

Las organizaciones benéficas públicas

En las organizaciones benéficas públicas podemos establecer dos categorías: las llamadas «organizaciones tradicionales» y las «fundaciones para el cambio social». Los fines de las primeras son los tradicionales, los de toda la vida, apoyar la investigación médica, potenciar la educación o la ayuda al necesitado.

Puedes colaborar, con tu dinero o con tu tiempo, con una gran cantidad de organizaciones de este tipo; de hecho, muchas de estas organizaciones no serían operativas si no contasen con el gran número de voluntarios que brindan su ayuda desinteresada.

En el año 2000, los voluntarios constituían el noventa y siete por ciento del personal de la Cruz Roja de Estados Unidos y no eran precisamente livianas las tareas de las que se hacían cargo. A su esfuerzo se debió la mitad de la sangre que se recogió ese año en toda la nación o la asistencia de urgencia a las 150 familias que, diariamente, se vieron afectadas por los incendios. El Ejército de Salvación también depende de voluntarios para la mayoría de sus actividades: tocar las campanas, trabajar en cocinas de comedores asistenciales o funciones de asesoramiento. La mayoría de hospitales, centros para la tercera edad y museos necesitan, es más, están ávidos de voluntarios.

La historia de Jonah

Jonah es un joven de diecinueve años que estudia neurocirugía en Nueva York. Nacido en Los Ángeles, su padre estaba comprometido con un gran número de actividades sin ánimo de lucro y «dedicaba gran parte de su tiempo a ayudar a los demás».

Años atrás, Jonah estudiaba en un instituto de Los Ángeles y estaba pensando en involucrarse en alguna actividad filantrópica. Un fin de semana, un amigo le invitó a trabajar en una casa de la organización *Habitat for Humanity*. Se pasó todo el día levantando alambradas, clavando puntas y arreglando techos. «Me encantó trabajar con la gente a la que estaba ayudando».

Tanto le conmovió esta experiencia que, durante los siguientes tres años en el instituto, ayudó a organizar un consorcio de chicos de diez institutos (cinco públicos y cinco privados) que, tras conseguir más de 300.000 dólares, pudieron construir cinco casas para *Habitat*. (El coste aproximado de una casa *Habitat* en Los Ángeles es de 68.000 dólares). Todos los fines de semana había chicos de las familias más acomodadas de Los Ángeles que se pasaban el día con el martillo y el serrucho en la mano; tras la labor, se paraban y contemplaban lo que habían hecho con sus manos.

Habitat es una organización dedicada a «construir viviendas sencillas, económicas con y para aquellos que necesitan un techo». Unos ponen el dinero y otros la fuerza; no importa que no hayas empuñado nunca un martillo, *Habitat* te enseñará. El que será dueño de la casa y los voluntarios construyen bajo la supervisión de expertos y, una vez acabada, la vivienda se cede, se «vende», al primero a un interés del cero por ciento, sin comisiones, ni beneficios. Desde 1976, voluntarios de *Habitat*, de todas las clases y condiciones, han ayudado a levantar más de 100.000 casas en el suelo de más de 60 países, 30.000 de ellas en Estados Unidos.

Pero no hace falta que convenzas a tu hijo para que construya casas para los pobres, hay otras muchas actividades en las que tus chicos se pueden involucrar. En 1973, un médico del centro médico de UCLA tuvo la buena idea de convertir la tradicional fiesta de bienvenida a las vacaciones que celebraba toda la plantilla en una fiesta para los discapacitados físicos que no podían ir a casa a pasar las vacaciones con su familia. Ya en 1977, la fiesta se había convertido en un evento anual y *Fulfillment Fund*, la fundación que nació fruto de la idea de este médico, se incorporó al grupo de organizaciones benéficas públicas que ayudaban a los niños discapacitados físicos a superar sus discapacidades. Pasaron los años y la fundación también empezó a ayudar a aquellos niños que, sin discapacidad alguna, necesitaban un apoyo suplementario para darse cuenta de todas sus posibilidades. Hoy en día, esta fundación es la iniciativa privada más importante de Los Ángeles en asistencia educativa o de formación y lo ha conseguido poniendo en funcionamiento una gran variedad de programas de tutoría y ayuda escolar. La fundación cuenta con el apoyo de voluntarios que, ejerciendo de mentores, apoyan individualmente a los estudiantes a lo largo del curso escolar.

Los programas extraescolares son otra opción a considerar por el voluntariado. En Los Ángeles, Carla Sanger preside *L.A.'s BEST* (www.lasbest.org), que se ha convertido en un modelo a seguir por este tipo de organizaciones. Las pruebas que ha realizado el *Center for the Study of Evaluation* de UCLA han demostrado que el rendimiento escolar de los chicos que han participado en el programa *L.A.'s BEST* es superior a la media en matemáticas, lectura y literatura, tanto en el colegio como en el instituto.

Y, ¿por qué no? La biblioteca de tu barrio también puede ser un buen sitio para ejercer tu voluntariado. *Creating the Full-Service Homework Center in Your Library* de Cindy Mediavilla, del departamento de estudios de la información de UCLA, es un manual paso a paso que te dará ideas sobre qué puedes hacer para convertir la biblioteca local en un lugar donde los niños vayan después del colegio gustosamente, sin presiones.

Si en tu comunidad no existen este tipo de programas educativos o talleres de trabajo, tu hijo y tú podéis crear uno. Aunque pueda resultar una empresa complicada, puede ser la idea perfecta si tenéis espíritu empresarial.

Las fundaciones para el cambio social son organizaciones benéficas públicas que operan en un nivel muy básico y que intentan catalizar el cambio social. De hecho, el eslogan de *Funding Exchange*, una red estadounidense que engloba a quince fundaciones de este tipo, «Filantropía orientada al progreso, no caridad», refleja ese convencimiento en un cambio sistemático desde lo más básico. En sus juntas puedes encontrar activistas de la comunidad, personas de color, mujeres, pobres, trabajadores y homosexuales. La verdadera fuerza de estas organizaciones está en sus voluntarios, por ello, suelen ocupar lugares estratégicos, para estar donde más se necesita; también dan pequeñas ayudas, de 500 a 20.000 dólares.

Las fundaciones para el cambio social necesitan voluntarios; si visitas el sitio Web de *Funding Exchange*, podrás encontrar más información sobre las siguientes:

- En Los Ángeles, la fundación *Liberty Hill*, creada en 1976 por cuatro personas comprometidas con la filantropía, entre ellas, la heredera y productora Sarah Pillsbury, ofrece las ayudas económicas iniciales que necesita cualquier organización que trabaje por la comunidad para comenzar su actividad y desarrolla programas para que las personas que viven en las zonas ricas de la ciudad entren en contacto con los habitantes de las zonas más deprimidas. Cuatro sábados al año, la fundación invita a los jóvenes preocupados por los problemas medioambientales a una visita guiada en camioneta por los vertederos, dando a conocer a los chicos los problemas medioambientales a los que se enfrenta la ciudad.

- En Nueva York, la fundación *North Star*, que recibe su nombre de un periódico abanderado de la lucha contra la esclavitud fundado por Frederick Douglass en 1847, ofrece su ayuda a organizaciones como: *Deep Dish TV*, única televisión promovida por una fundación por el cambio social, y *Mothers on the Move, Inc.*, una fundación ubicada en varios puntos estratégicos del sur del Bronx que realiza programas de alfabetización para adultos. Esta última iniciativa consiguió una partida de más de 900.000 dólares del departamento de parques de la ciudad para rehabilitar pistas de tenis abandonadas y convertirlas en parques multiusos para uso de la comunidad.

- En Decatur, Georgia, *Fund for Southern Communities*, una fundación que ofrece ayuda económica para programas de acción solidaria en Georgia, Carolina del Norte y Carolina del Sur. En Georgia, la fundación cuenta con el apoyo de jóvenes de nueve a diecinueve años que utilizan el baile, la música y el teatro para educar a la juventud en temas tan delicados con la droga, el SIDA, la violencia callejera o el abuso sexual; en Carolina del Sur, colaboraron en la creación de un grupo afroamericano que forma a jóvenes y mujeres de las zonas rurales deprimidas para para que sepan cómo enfrentarse a los problemas medioambientales y al racismo.

Las fundaciones familiares

Si quieres involucrar a tus hijos en actividades filantrópicas, deberías conocer las fundaciones familiares (también llamadas fundaciones privadas). Se trata de organizaciones filantrópicas que son creadas y controladas por una familia. Estas organizaciones pueden ser de muchos tipos, pero la inmensa mayoría son organizaciones canalizadoras de ayuda, no operativas; es decir, no desarrollan actividades por sí mismas, sino que ofrecen su apoyo económico para que sean otras organizaciones, por ejemplo, la Cruz Roja, las que actúen. En Estados Unidos, estas ayudas están fijadas por la ley, debe ser una aportación anual de al menos el cinco por ciento de sus activos. En este último país, hay más de 40.000 organizaciones de este tipo.

El siguiente es un extracto del discurso que ofreció Alan Alda a los asistentes de una conferencia sobre fundaciones familiares que se celebró en 1995:

> ¿Qué por qué lo hicimos? Quisimos que nuestros hijos supiesen de primera mano en qué consiste dar. Cuando enseñamos a nuestros hijos a lavarse las manos, no nos limitamos a decírselo, sino que les tomábamos de la mano, les acompañábamos al lavabo y les dábamos el jabón. Eso mismo es lo que hemos hecho con la filantropía.

Todos somos igual de importantes. Todos los votos tienen el mismo valor. Por el simple hecho de haber ofrecido el dinero en un primer momento, Arlene y yo no tenemos más influencia que cualquier otro colaborador; no decidimos ninguna discusión o deliberación. Es la democracia, en su estado más puro, la que nos guía. Una persona, un voto.

(Puedes acceder al discurso íntegro de Alda en el sitio Web de *Philanthropic Initiative*, www.tpi.org).

Si te decides a crear una fundación familiar hay una gran cantidad de recursos a tu disposición. Podrías empezar por comprar los ensayos y discursos de Paul Ylvisaker, recopilados por Virginia M. Esposito en la obra *Conscience and Community: The Legacy of Paul Ylvisaker.*

Muchos consideran a Ylvisaker el padre intelectual de la filantropía moderna en América. Ylvisaker fue profesor en Harvard, Yale, Princeton y Swarthmore; presidió *Task Force on the Cities* bajo el mandato de Lyndon B. Johnson; fue director de *Public Policy Program* (programa de política pública) en la Fundación Ford y ostentó el cargo de comisionado de *Community Affairs* (asuntos comunitarios) del estado de Nueva Jersey. Para Ylvisaker, tener dinero para ayudar a los demás no es lo mismo que saber cómo ayudar.

Tras leer la obra de Ylvisaker, podrías ponerte en contacto con *Council on Foundations*, una organización sin ánimo de lucro que ofrece ayudas a fundaciones públicas y privadas.

Te recomendamos que compres *A Founder's Guide to the Family Foundation: How to Use, Govern, and Enjoy Your Family Foundation*; en esta obra de treinta y cuatro páginas, encontrarás los temas más candentes sobre este tipo de fundaciones, administración, solicitud de donaciones, concesión de ayudas económicas, responsabilidades de la junta rectora y del fundador.

Si te interesa de verdad el tema, otra buena compra sería la serie *Family Foundation Library*, compuesta de cuatro libretos en los que encontrarás información sobre la administración y el proceso de concesión y gestión de las ayudas.

Fundaciones de la comunidad

Las fundaciones de la comunidad ofrecen muchas de las ventajas de las fundaciones familiares pero sin los gastos de estas últimas. Las fundaciones de la comunidad, idea del banquero Frederick Goff, se dedican esencialmente a practicar la caridad pública.

A Goff le preocupaba enormemente la gran cantidad de asignaciones testamentarias caritativas que gestionaba el departamento de fideicomisos de su banco.

Goff creía que muchas de esas asignaciones testamentarias eran tan inflexibles que no se podían cumplir. Tampoco creía justo que las tasas propias de la gestión de una asignación testamentaria fuesen tan elevadas que terminasen casi por completo con los fondos. La solución de Goff fue crear un nuevo tipo de fundación. Su banco combinaría todas las asignaciones testamentarias caritativas en una sola cuenta, reduciendo significativamente los gastos en administración, y cedería la responsabilidad de la distribución de los ingresos a una entidad independiente, *Cleveland Foundation*, que, dirigida por una junta de ciudadanos, tendría la suficiente flexibilidad para adaptarse a las necesidades cambiantes de la comunidad. Hoy en día, hay más de cuatrocientas cincuenta fundaciones de la comunidad en los Estados Unidos.

Para muchas familias, las fundaciones de la comunidad ofrecen todas las ventajas, y ninguna de las desventajas, de las fundaciones privadas. Para ver cómo funciona una fundación de la comunidad, vamos a fijarnos en *California Community Foundation* (CCF). CCF fue fundada en Los Ángeles en 1915. Su dotación actual es de 525 millones de dólares y ofrece ayudas económicas por un valor de más de 110 millones. Al igual que muchas fundaciones de la comunidad, CCF ofrece a sus colaboradores la posibilidad de crear una *Donor Advised Fund*, como alternativa a las fundaciones familiares. Las *Donor Advised Funds* te permiten realizar contribuciones a la CCF que deducen impuestos. Como la CCF tiene la consideración de organización de caridad pública, las contribuciones realizadas a esta entidad deducen más que las realizadas a una fundación familiar. Con tu contribución se crea una fundación independiente dentro de la propia CCF, con tu nombre o el de tu familia. Aunque la inversión de la aportación que realices la decide la CCF, siempre podrás recomendar las organizaciones y programas que consideres más adecuados. Este tipo de fundaciones, al igual que las fundaciones familiares, te permiten involucrar a tus hijos en la elección de las organizaciones receptoras de las ayudas. La CCF revisará todas tus recomendaciones para asegurarse de que los programas y organizaciones que elijas cumplen ciertos requisitos; si es así, se enviará a la organización un cheque en tu nombre. Al ser la CCF una organización de caridad pública, las *Donor Advised Fund* están exentas del requisito de distribuir más del cinco por ciento anualmente. Por lo tanto, se pueden acumular los fondos año tras años para ir aumentando el activo.

Nuestra sugerencia

Habla con vecinos, amigos y miembros de tu iglesia, sinagoga o mezquita sobre su compromiso con organizaciones de caridad y fundaciones. Con este diálogo te darás cuenta de la gran cantidad de opciones que tenéis tú y tu familia.

Poner tu plan en acción

Nosotros ya te hemos hablado de las posibilidades que existen en nuestra sociedad para ayudar; ahora es tu turno, tienes que pasar a la acción. Para involucrarte en actividades filantrópicas te ofrecemos los siguiente pasos.

Incluye las donaciones y el voluntariado en tu conversación

Sé directo y claro con tu hijo. El chico no debe sospechar que tu intento de involucrarle en este tipo de actividades responde a algo calculado al milímetro. Cuando tú y tu pareja ayudéis a alguna organización, coméntalo en la cena, explícale por qué lo habéis hecho. Si colaboras como voluntario, explícale a tu hijo en qué consiste tu labor; no se trata de parecer un héroe, sino de mantener una conversación familiar para que tu hijo, desde pequeño, te vaya conociendo mejor compartiendo tus valores con él.

Aprovecha los momentos propicios para enseñar

Seguro que, en algún momento, tu hijo te hará alguna pregunta relacionada con la actividad filantrópica que realizas. No te precipites en responder, tómate la pregunta con calma; pero no te equivoques, tampoco se trata de dar una conferencia sobre la obligación que todo ciudadano tiene adquirida con los más necesitados.

Tu respuesta debe ser concisa y resolver las dudas de tu hijo. Preguntas como: «¿Pero por qué quieres salvar a las ballenas?» o afirmaciones como: «Los mendigos son muy importantes para ti» que salen de la boca de tu hijo pueden resultarte ingenuas, pero son el momento propicio para hacerle saber que la filantropía es un valor familiar; tu respuesta puede ser tan sencilla como: «Me siento muy mal cuando veo que hay gente que duerme en la calle y quiero hacer algo para mejorar sus vidas».

Crea una «fundación virtual» y una «hucha familiar»

Si no te decides a crear una fundación privada, ¿por qué no te animas a crear una «fundación virtual» para que tus hijos participen? Stan y Karen acordaron una cantidad de cien dólares anuales para ir enseñando a su hijo Harry, de diez años, a quién y cómo debía donar. Stan y Karen daban a conocer a Harry qué organizaciones y fundaciones centraban su labor en los temas que más interesaban al pequeño: el medio ambiente, los animales en peligro de extinción y los niños con problemas de salud. Cada tres meses, Harry podía donar veinticinco dólares. El proceso que acordaron fue el siguiente: durante la cena, el chico daba a conocer a sus padres a qué organización quería ayudar económicamente y las razones por las que había llegado a esta conclusión; acto seguido, los padres firmaban el cheque, el pequeño escribía una pequeña nota para acompañar el cheque y se encargaba de enviarlo por correo. El poder elegir el destinatario del dinero y su participación en el proceso, hizo que Harry se interesase por las cuestiones sociales mucho más que los chicos de su edad. Este ejercicio también le sirvió para aprender que el dinero de su familia se podía utilizar, responsablemente, para ayudar.

Joe y Clarice adoptaron un enfoque similar. Todo empezó cuando los chicos cumplieron doce y catorce años; Joe y Clarice, guardaban todos los folletos de organizaciones altruistas que le llegaban a su buzón de correo. A finales de cada mes, ponían todos los folletos sobre una mesa para que los chicos los leyesen e intentasen identificar qué organizaciones parecían sospechosas de no hacer con el dinero lo que decían que iban a hacer. Joe y Clarice les decían cuánto dinero había ese mes en la «hucha familiar para las donaciones»: la cantidad que se podía dedicar a obras benéficas. Si había habido muchos gastos ese mes, la hucha era más bien escasa, pero si el mes no había ido mal del todo, la hucha era considerable. Luego, todos los miembros de la familia votaban para decidir a qué organización iban a ayudar. Si las votaciones terminaban en empate, utilizaban el llamado «Consejo» (técnica que introdujo Brent W. Kessel, presidente de *Abacus Wealth Management, Inc.*, en Santa Mónica, California) para dirimir el resultado.

El «Consejo», método utilizado ampliamente en todo tipo de organizaciones, consiste en lo siguiente:

- Los participantes se sientan en círculo para que nadie presida la mesa.

- Se establece un «comodín» (un juguete o cualquier otro objeto). Sólo puede hablar la persona que está en posesión del comodín. No se puede interrumpir.

- Se escucha activamente; la mayoría de las veces, cuando escuchamos a alguien, estamos preparando la que va a ser nuestra respuesta. En las conversaciones familiares, las interrupciones no suelen ser pocas, sin embargo, durante el «Consejo» hay que escuchar qué dice la otra persona, aunque ésta sea tu hijo pequeño.

- Quien tiene el turno de hablar explica su elección, no se va por las ramas, va al grano y es espontáneo. Si la persona que habla ha escuchado a las que han hablado anteriormente, hablará con el corazón y no para contrarrestar los argumentos que alguno de los participantes ha expuesto. En la mayoría de las ocasiones, el «Consejo» funciona y se logra el acuerdo.

Aprovecha los intereses de tu hijo

Si notas que a tu hijo le interesa alguna actividad filantrópica determinada, aprovéchalo y estudia cómo tú y tu hijo os podéis involucrar en alguna actividad de ese tipo. Llama a la organización y pregunta si tienen programas diseñados específicamente para que padre e hijo ejerzan juntos el voluntariado; si no desarrollan este tipo de actividades, pregúntales si hay alguna tarea que pudiese desarrollar alguien de la edad de tu hijo. Cuando consigas lo que estás buscando, coméntaselo a tu hijo y fíjate en su reacción; si le ves entusiasmado, lánzate. Pregúntale si le gustaría dedicar parte de su tiempo a esta actividad (quizás una hora a la semana) durante un mes. Te sorprendería conocer la gran cantidad de posibilidades que tienes al alcance de tu mano... A Andy le interesaban los perros. Sus padres le hablaron de *Create-a-Smile*, un programa cuya actividad consiste en visitar a niños autistas, personas hospitalizadas y ancianos con perros adiestrados.

A continuación te proponemos algunas pautas para que las actividades de tu hijo se conviertan en una experiencia satisfactoria:

- **Participa con tu hijo.** No te limites a dejarlo en la puerta y a recogerlo una hora más tarde. Trabaja con él codo con codo para ir moldeando su comportamiento.

- **Háblale de la actividad.** El voluntariado es algo que haces y hablas con tu hijo. A la mayoría de los chicos le asaltarán miles de preguntas sobre las personas que están conociendo y sobre los entornos en los que están colaborando. Sobre todo, les llamará la atención trabajar en barrios pobres con personas cuyo *aspecto* es diferente al que suelen tener sus vecinos o compañeros. Si realizas con tu hijo actividades de este tipo, no te resultará difícil hablar sobre las personas que pasan dificultades en su vida. ¿Por qué hay gente pobre? ¿Por qué no todo el mundo tiene una casa? ¿Por qué alguien, aun estando en un refugio, puede contar chistes? ¿Cómo es posible que haya que enseñar a leer a un adulto? ¿Por qué está contaminado el río que estamos limpiando? Estas preguntas pueden ser el inicio de experiencias fascinantes para todos los chicos, pero especialmente para aquellos que de otro modo no hubiesen conocido la diversidad de nuestro mundo.

- **Cambia de actividad cuando sea apropiado.** El interés de los chicos es fugaz y por ello tienes que estar atento para cambiar de actividad cuando ésta les pueda resultar aburrida, tediosa o simplemente, inadecuada para su edad. Lo que le interesaba a los diez años, podría no interesarle a los trece. Busca actividades de voluntariado que se ajusten a la edad y a los intereses de tu hijo. Les podría interesar la ecología y de repente, sentir que deben ayudar a los hijos de los emigrantes a perfeccionar su inglés. Proporciona a tu hijo las actividades que le interesen en el momento, no se las impongas.

Campo neutral

Finalmente, la filantropía te da la posibilidad de dialogar con tu hijo sobre el dinero sin el incómodo bagaje emocional inherente a este tema. En la mayoría de las ocasiones, las discusiones que tenemos sobre el dinero con nuestros hijos transcurren en el contexto de «nuestro dinero» o «tu dinero». Ya estemos hablando de nuestro uso y administración del dinero, de lo que hace nuestro hijo con su asignación o con el dinero que ganan con sus primeros trabajos, nos resulta muy difícil desembarazarnos de nuestras emociones y deseos de impartir lecciones magistrales a nuestro hijo. Así, las discusiones encuentran su caldo de cultivo y se pierde el norte de la conversación.

La filantropía nos inhibe de nuestras emociones. Puedes comunicar valores a tu hijo sin necesidad de impartirle una conferencia y tus hijos pueden responderte sin sentirse culpables. Cuando el principal objetivo del dinero es ayudar a los demás, los chicos se sienten más cómodos para hablar y escuchar. Aprovecha esta ventaja que te dan los temas filantrópicos y comparte tus pensamientos, ideas y creencias.

9

Planificación de la riqueza familiar

En capítulos anteriores hemos visto la relación que existe entre tus valores o los de tu hijo y las asignaciones y la filantropía; como comprobarás en este capítulo, tu planificación patrimonial también debe estar en relación con tus valores. La herencia es un asunto espinoso, en el que están implicados el plano emocional y el psicológico. Te vamos a enseñar cómo puedes hacer esta transferencia de bienes, que es la herencia, sin afectar negativamente al crecimiento de tu hijo.

En un primer momento, la planificación patrimonial no parece ser un asunto de vital importancia en la educación de un niño; puedes pensar que es algo que habrá que hacer dentro de muchos años, cuando tu hijo ya sea un adulto. Pero, de hecho, una planificación patrimonial adecuada puede tener muchos efectos positivos en tu hijo; sin ir más lejos, es el punto de partida ideal para dialogar con tu hijo sobre asuntos económicos. La seriedad del asunto, el futuro, el pensar que tú ya no estarás, le hará meditar sobre el dinero. Por el contrario, si te desentiendes de tus valores y planificas tu patrimonio pensando únicamente en el dinero que te vas a ahorrar en impuestos, no dudes, ni por un momento, de que vas poner obstáculos al desarrollo de tu hijo. No son pocos los padres que se limitan a abrir a su hijo una cuenta custodiada en la sucursal bancaria de su barrio y van ingresando veinte mil dólares todos los años. Estos padres ignoran que cuando su hijo cumpla dieciocho años serán los beneficiarios legales, no ya de la cantidad ingresada, sino además de los intereses que se hayan generado con el tiempo. Imagina que pasan los años, tu hijo crece y le llega el momento de ir a la universidad; le dices que te comprometes a pagarle todos los gastos derivados de los estudios y su manutención, pero que el dinero que quiera gastarse en otras cosas se lo tendrá que ganar trabajando. El chico se preguntará: «¿Para qué voy a trabajar si sólo en intereses ingreso en mi cuenta más de dos mil dólares?»; esta pregunta, y todo lo que denota, se podría haber evitado si los padres hubieran contado con la ayuda de un asesor especialista en planificación patrimonial, quien, seguramente, hubiese aconsejado la creación de un fideicomiso sujeto a unas condiciones congruentes con los valores de la familia. En las condiciones del fideicomiso se podría haber especificado que el chico no pudiese hacer uso del dinero hasta que cumpliese veinticinco años o acabase sus estudios universitarios; llegado este momento, el joven podría utilizar este dinero para montar un negocio o comprar una casa. Si tu planificación patrimonial ya es congruente con tus valores, entonces sí que podrás pensar en ahorrar dinero en impuestos.

Nuestra sugerencia

Dialoga con tu pareja sobre este asunto e intentad imaginaros cuál sería la reacción de vuestro hijo si le dijeseis que cuando cumpla veintiún años, le daréis *x* dinero.

Los impuestos

Los impuestos, las mil y una formas que tienen los gobiernos de gravar las actividades económicas que realizan los ciudadanos, existen desde hace cientos de años.

Antes de hablar con tu hijo (o con un abogado) sobre la planificación patrimonial, deberías conocer todo lo que implica este asunto; sólo de este modo estarás preparado para integrar tus valores en la estrategia que elijas.

La mayoría de los asesores te aconsejarán que hagas donaciones a tus hijos y nietos. Los sistemas de impuestos varían de país en país, pero es muy probable que los impuestos que gravan las donaciones sean inferiores a los impuestos sobre la herencia. Para entender por qué es así, te vamos a explicar la diferencia entre un sistema de impuestos directo y un sistema indirecto. En un sistema de impuestos directo, se grava todo, incluido el dinero que se utiliza para pagar los impuestos. El impuesto sobre la renta (los ingresos) es un buen ejemplo de este sistema; este impuesto grava tus ingresos y el dinero que utilizan tus herederos para pagar el impuesto sobre la herencia. Por el contrario, el impuesto de donaciones sólo grava las propiedades que reciben tus herederos; este último sistema no grava el dinero que utilizas para pagar el impuesto de donaciones.

Pero vamos a explicarlo con un ejemplo. Supón que tienes un millón de dólares y que tanto el impuesto de donaciones como el impuesto sobre la herencia son de un cincuenta por ciento. Pagarás el impuesto de donaciones si decides que tus herederos reciban ahora el dinero o el impuesto sobre la herencia si lo hacen cuando mueras. Por supuesto, quieres que tus hijos paguen lo menos posible en impuestos. Si esperas a tu muerte, el impuesto sobre la herencia es del cincuenta por ciento, o lo que es lo mismo, quinientos mil dólares. Por lo tanto, tus hijos recibirán quinientos mil dólares y otro tanto el estado. Pero si optas por el otro sistema, tendrás un millón de dólares a repartir entre tus hijos y los impuestos. Si das a tus hijos quinientos mil dólares, que es la misma cantidad que recibirían a tu muerte, el impuesto a pagar sería de doscientos cincuenta mil dólares..., con lo cual te quedaría otro cuarto de millón. Es obvio que a tus hijos le interesa más esta última opción porque no recibirían sólo la mitad (quinientos mil dólares) sino dos terceras partes, seiscientos sesenta y siete mil dólares... Y es que donar es un buen método para desheredar al estado.

Probablemente, tus asesores te recomienden crear fideicomisos con esas donaciones. Son muchas las razones para decidirse por los fideicomisos, ya no sólo por la cuestión de los impuestos. Si donas directamente el dinero, tu patrimonio podría caer en manos de los acreedores si tus hijos tienen problemas legales. Si se declaran en bancarrota, su herencia sería objeto de estudio por parte de los tribunales; y finalmente, si se divorcian, la expareja de tu hijo podría ser la beneficiada. Con un fideicomiso bien redactado evitarás a tus hijos todos estos problemas.

Si tus hijos son muy jóvenes o inexpertos con el dinero, el fideicomiso te da la posibilidad de ceder parte o toda la responsabilidad a un administrador, que bien podría ser un amigo o un asesor.

Teniendo esto en cuenta, volvamos al tema del efecto que tiene el dinero en la vida de tus hijos. Tras leer el párrafo anterior, te podrías estar haciendo dos preguntas:

- ¿Quién guía las decisiones del administrador a la hora de distribuir el fideicomiso?

- ¿Cómo te puedes asegurar de que el dinero se distribuye de modo congruente con tus valores contribuyendo al equilibrio emocional de tu hijo?

Utilizar la planificación patrimonial para comunicar valores

Desde las ventanas de la oficina de Jon en Century City se pueden ver las traseras de la Twentieth Century Fox. Cuando un cliente va a la oficina de Jon para hablar sobre planificación patrimonial, uno de los temas que se tratan a menudo son las transmisiones de dinero en forma de donaciones a hijos y nietos; pero Jon, en vez de seguir la corriente y hablar de impuestos, centra la conversación en los valores y objetivos del cliente. «¿Recuerda la película *El cielo puede esperar*?», pregunta Jon, «en la que Warren Beatty sube al cielo y le pide a los ángeles que lo devuelvan a la Tierra, pero esta vez convertido en multimillonario? Imagínate un *remake* del *Cielo puede esperar* en el que tú seas el protagonista y los ángeles te devuelven a la Tierra, pero no como millonario, sino como el administrador del fideicomiso que, en vida, planificaste para tus hijos. El resto de la película trata sobre cómo permites utilizar ese dinero a tus hijos: ¿En qué les dejarías gastar dinero? ¿Qué te gustaría que hiciesen tus hijos y tus nietos con el dinero? ¿Qué te disgustaría que hiciesen con el dinero que les has dejado al morir?».

Los clientes suelen tomarse su tiempo para responder; no se esperan que un asesor les pregunte esto.

Para contestar, deberían fijarse en sus valores. En el capítulo 4, en el ejercicio sobre la creación de una declaración familiar de intenciones, te pedimos que identificases los valores que te gustaría ver en el comportamiento de tu familia. Pues bien, si logras identificar esos valores, podrás determinar en qué debes basarte a la hora de planificar tu patrimonio. Por ejemplo, si la educación es un valor importante en tu familia, puedes estructurar la transmisión de bienes que hagas a tu hijo en forma de donaciones que le faciliten estudiar; si son los relacionados con el mundo empresarial, los valores importantes en tu familia, podrás estructurar esas donaciones para apoyarle en su primer negocio y para obtener los conocimientos técnicos y financieros necesarios para triunfar.

Hace unos años trabajamos con una pareja para la que el ser autosuficiente y la capacidad de enfrentarse por sí mismo a la adversidad era un valor primordial. Su primera reacción ante la propuesta de realizar donaciones a sus hijos fue de total rechazo; creían que el ahorro en impuestos no compensaba el efecto negativo que, según ellos, este método de sucesión iba a tener en la autosuficiencia de su hijo. Sin embargo, estos mismos padres vieron cómo su hijo dejaba sus estudios porque no eran compatibles con su afición por el surf. Dedicaba las mañanas a hacer surf y, por la tarde, fabricaba tablas que vendía a sus amigos y conocidos, para pagarse sus gastos. A su madre le horrorizaba que hubiese dejado los estudios y a su padre, un gran empresario, lo que le preocupaba es que el pequeño negocio que había montado su hijo no generaría el suficiente dinero para mantenerse: el margen de beneficios era ínfimo porque él sólo no podía fabricar muchas tablas, además, no tenía los suficientes recursos como para hacerse publicidad... Les preguntamos si su hijo les pedía dinero, respondieron que no. «¿Creéis que podría triunfar si encontrarse un inversor?». Pregunta a la que el padre respondió: «Probablemente, pero nadie está tan ciego como para invertir en el negocio de un joven de veinte años que ha dejado los estudios». Y terminamos esta serie de preguntas con: «¿Y no creéis que vosotros podéis ser los inversores que necesita vuestro hijo?».

Estos padres se dieron cuenta de que las donaciones a su hijo no sólo ahorraban impuestos, sino que también se podían hacer de tal forma que comunicasen valores positivos al chico. Crearon un fideicomiso para su hijo y le donaron el dinero que necesitaba para crear una empresa de fabricación y venta de tablas de surf. El chico sería el ejecutivo de la empresa, un contable que trabajaba en una de las empresas del padre, el tesorero. Esta colaboración padres-hijo finalizaría cuando este último cumpliese treinta y cinco años y se convirtiese, de este modo, en el único propietario de la empresa. El futuro de la empresa estaba en manos del chico. Pasados seis años tras la creación de la empresa, el negocio ya contaba con cinco trabajadores a tiempo completo y el hijo había retomado sus estudios, esta vez, un programa de formación empresarial en un instituto local que impartía las clases por la noche.

Además, ten en cuenta que la declaración familiar de intenciones:

- Será muy útil para que tu abogado tenga en cuenta tus valores cuando redacte las condiciones del fideicomiso.

- Te permite comunicar tus valores a las futuras generaciones; tus descendientes podrán saber en qué creías y qué cosas valorabas.

Nuestra sugerencia

Redacta tu planificación patrimonial con tus propias palabras. Para este ejercicio, válete de la declaración familiar de intenciones.

Si creas un fondo en fideicomiso para las dos próximas generaciones de tu familia, es muy posible que no llegues a conocer a algunos de los beneficiarios del fondo; si no te preocupaste por crear una declaración familiar de intenciones, ¿cómo sabrán en qué valores te basaste para crear el fideicomiso? La inclusión de la declaración familiar de intenciones en el fideicomiso permite a su administrador tener algo en lo que basarse para evaluar las futuras solicitudes que le hagan los beneficiarios de los bienes.

Hablar a tus hijos de la planificación patrimonial

Imagina que tu declaración familiar de intenciones contempla la posibilidad de realizar donaciones a tu hijos. El siguiente paso será pensar y hablar con tu familia sobre el tema.

A muchos de nuestros clientes les horroriza la idea de hablar con sus hijos sobre la planificación patrimonial; así, con esta ausencia de comunicación, es como se llega a casos de personas con cincuenta o sesenta años que desconocen por completo cuál es la riqueza neta de sus padres. Estudios realizados en Estados Unidos han desvelado que sólo uno de cada tres millonarios daban a conocer a sus hijos su planificación patrimonial.

John Levy, un pionero en el estudio del efecto del dinero en los niños y asesor de familias adineradas en California, observó que los padres no sólo se niegan a compartir con sus hijos los entresijos de la planificación patrimonial, sino que «cuando los chicos se arman de valor y le preguntan a sus padres sobre el tema, estos se niegan a darles información».

La razón que más repiten los padres para negarse a dar esta información a sus hijos es que «sería perjudicial para los chicos si supiesen cuánto tenemos y lo que van a heredar. Les desmotivaría». Levy señala que esta creencia se basa en dos conceptos básicos. El primero es: «Ganar mucho dinero es lo mejor que mi hijo podría hacer. No quiero hacer nada que pueda interferir con este objetivo; si mi hijo se entera del fondo en fideicomiso que hemos creado o del dinero que tenemos, podría pensar que ya no tiene que trabajar duro o podría elegir un trabajo que no le reportase altos ingresos». Y el segundo es «estoy criando a un chico que carece completamente de ética por el trabajo y de sentido de la responsabilidad». Los padres que tienen esta concepción del futuro de su hijo deberían pensar que ser millonario no es el sueño de todo el mundo; también los hay que sueñan con ser escritores, artistas, maestros o con involucrarse en actividades filantrópicas...; y es que nuestro mundo necesita tanto poetas como empresarios. Si tus actos y tus palabras son los correctos, tu hijo «heredará» tu estabilidad económica; independientemente de su profesión o del fideicomiso que vaya a recibir, si logras inculcarle sentido de la responsabilidad y una ética sólida sobre el trabajo, tu hijo se esforzará y será un adulto responsable.

Pero también es cierto que si no te has preocupado por inculcar a tu hijo sentido de la responsabilidad y ética por el trabajo, deberías pensarte dos veces si debes o no hacerle saber qué herencia va a recibir; sin estos valores, esta información sólo le llevaría a engrandecer su sentimiento de superioridad. Si es éste tu caso, la educación de tu hijo, y no la planificación patrimonial, es el problema en el que te deberías centrar.

Los fondos en fideicomiso, ¿pueden llegar a desmotivar a nuestros hijos? No son pocas las familias ricas americanas que, habiendo creado un fideicomiso, están preocupadas por la ingente cantidad de dinero que esta opción de sucesión de bienes pondrá en manos de sus hijos. En 1891, Andrew Carnegie escribió en uno de sus ensayos: «Por lo general, un padre que deja en herencia una enorme riqueza, difumina el talento y la energía de su hijo, que termina por llevar una vida mucho menos provechosa de lo que, en principio, era deseable». Warren E. Buffett, que ocupaba el primer puesto de la lista de millonarios en Estados Unidos hasta ser desbancado por Bill Gates, dijo en 1990 que estaba a favor de darle a los niños dinero para que hiciesen lo que quisiesen pero no tanto que, al final, no hiciesen nada. A algunos hijos de familias ricas no parece haberles ido tan mal. Es el caso de S. Robson Walton, cuya fortuna está estimada en unos veinte mil millones de dólares (parte de la cual se debía a los fondos en fideicomiso que le dejaron sus padres), está licenciado en Derecho por la Universidad de Columbia y preside una de las empresas mayoristas más importantes del mundo. Puede que haya tenido problemas en su vida, pero, ciertamente, no parece ser una persona desmotivada.

Basándonos en nuestra investigación y en casos de clientes, amigos y familiares, hemos llegado a la conclusión de que los fondos en fideicomiso son un incentivo para los chicos emprendedores, con vocación empresarial, pero no para el resto. En un estudio publicado en el *Journal of Political Economy* en 1994, Douglas Holtz-Eakin, David Joulfaian y Harvey S. Rosen determinaron que los empresarios que heredaban grandes fortunas permanecen en el mundo empresarial más tiempo que el resto de empresarios; es más, los beneficios de las empresas dirigidas por empresarios que heredaban grandes fortunas aumentaban un veinte por ciento más rápido. Sin embargo, en otro estudio sobre los impuestos de 2.500 estadounidenses receptores de herencias en 1982, que se publicó en el *Quarterly Journal of Economics* de mayo de 1993, se demostró que, cuánto más herede un hijo, más pensará en su jubilación. «Las posibilidades de que una persona que herede 150.000 dólares se jubile son cuatro veces mayor que las de una persona que herede 25.000». Para poner esta conclusión en su justo término, tenemos que pensar en las condiciones de anonimato en las que se realizó la investigación; de los herederos no sabemos más que la cantidad que recibieron. Es posible que los sujetos objeto de la investigación que heredaron grandes fortunas fuesen personas muy próximas a la edad de jubilación, y al contrario, aquellas que heredaron cantidades más humildes fuesen hijos muy jóvenes o incluso nietos.

Si estás pensando en crear un fondo en fideicomiso para tu hijo, o si tus padres o abuelos ya lo han creado, puede que te interese la opinión que, sobre este tema, tiene Judy Barber. Esta asesora empresarial de San Francisco enfatiza la importancia de que los chicos desarrollen una pasión que guíe sus pasos; esta pasión bien podría ser la filantropía o el deseo de ser arquitecto, profesor o músico.

Freud observó dos necesidades básicas en todos los humanos: la necesidad de sentirse querido por otra persona y la de sentirse competente. Si tus hijos muestran seguridad en lo relacionado con el dinero y pueden mantener un estilo de vida de clase media, necesitan encontrar un fin o propósito que guíe sus vidas; de lo contrario, los fondos en fideicomiso pueden llegar a desmotivarles y ser fuente de problemas.

Como ha observado una madre de tres hijos adultos que empezaron a recibir dinero a los dieciocho años del fideicomiso que creó su abuelo: «Un fondo en fideicomiso lleva a los chicos a vivir sólo *media vida*, no tienen que trabajar ni tienen intereses o fines que doten su existencia de significado». Recibir dinero desde muy jóvenes podría «alejarles de la realidad».

Uno de los hijos de esta madre lo reconoció. Cuando nos vimos con él, nos dijo que recibir dinero desde tan joven le había creado problemas de autoestima. Se suponía que debía trabajar pero, en realidad, no tenía por qué hacerlo. Aunque el dinero le permitió conocer diferentes estilos de vida, la abundancia en la que vivió desde pequeño: «Me impidió saber qué valor tiene el dinero y las consecuencias negativas que puede acarrear».

Si te preocupa el hecho de crear un fondo en fideicomiso para tu hijo, explícale por qué; podría sorprenderte su reacción. El hijo, ya adulto, de uno de nuestros clientes le pidió a sus padres que no le donasen dinero. «Tengo brazos y piernas para ganar dinero. Estoy aprendiendo cómo funcionan las cosas, no quiero que me ofrezcáis vuestro paraíso, quiero encontrar el mío. Vuestro dinero entorpecería mi camino», les dijo.

Las reacciones de los chicos ante este tema pueden ser muy variadas; a algunos chicos le sorprendería la cantidad de dinero que le pensáis dejar y se preocuparían ya que se considerarían incapaces de administrar tanto dinero. Otros chicos no se considerarían merecedores de ese dinero. Cuanto más habléis entre vosotros de vuestras respectivas preocupaciones, mejor podréis comunicar y reforzar vuestros valores.

Si donas a tu hijo dinero, pero le estableces condiciones para su uso, tendrás que explicárselo y hablarlo convenientemente; puede que no se trate de condiciones, sino simplemente de expectativas... Si le das a tu hijo y a su pareja 50.000 dólares para comprarse una vivienda, ¿esperas que te inviten a cenar a su casa regularmente?, ¿les das el dinero pensando en que se compren una casa de un precio determinado?, ¿esperas que la casa que se compren esté cerca de la tuya? También podrías albergar ciertas expectativas sobre cómo administran tus hijos el dinero que les has dado; por ejemplo, ¿cómo te sentirías si le das a tu hija 10.000 dólares para pagar sus estudios y te enteras de que se ha gastado 2.000 en unas vacaciones?

Identifica tus expectativas y comunícaselas a tu hijo. No hay nada malo en dar dinero y establecer ciertas condiciones sobre su uso; pero ten en cuenta que toda condición o expectativa debe ser específica. Las condiciones o expectativas específicas te evitarán conflictos en el futuro y le permitirán decidir a tu hijo si acepta, bajo dichas circunstancias, si quiere o no el dinero. No digas cosas como: «Aquí tienes 10.000 dólares, puedes hacer lo que quieras con el dinero, pero no estaría mal que dedicaras parte de este dinero a algo útil»; es mejor decir: «He decidido darte 10.000 dólares para que te compres acciones y aprendas a invertir» o «sabemos que realizas muchas actividades, así que hemos pensado en darte 10.000 dólares para que te compres un coche seguro de segunda mano para ir de un sitio a otro».

Teniendo siempre en cuenta que cada familia es única, a continuación te ofrecemos sugerencias para facilitar ese diálogo que, sobre la planificación patrimonial, debes establecer con tu hijo.

Niños y adolescentes

Si tu hijo tiene menos de dieciocho años y saca este tema, te está dando una magnífica oportunidad para conversar con él. Levy establece unas pautas a seguir para responder las preguntas que te puede hacer tu hijo sobre este tema; en primer lugar, no le hagas sentirse culpable; a continuación, responde a sus preguntas utilizando palabras que el chico pueda entender e intenta adivinar las razones por las que te ha hecho esas preguntas.

Estas son algunas de las razones que podrían llevar a tu hijo a sacar el tema de los testamentos o de los fondos en fideicomiso:

- Podría estar nervioso porque se ha encontrado una copia del testamento o del fondo en fideicomiso o ha escuchado, sin que te hayas dado cuenta, alguna conversación que hayas mantenido con tu pareja al respecto. Podría creerse que estás en la fase terminal de una enfermedad; en estas circunstancias, tienes que explicarle a tu hijo que el hecho de firmar un testamento no significa que te vayas a morir pronto. Para que lo entienda bien, explícale que solamente lo firmas por precaución, como también firmas seguros del automóvil o del hogar.

- Tu hijo podría estar buscando que le asegures que le quieres igual que a sus hermanos. Con once años, Johnny podría preguntarte si figura en tu testamento; la respuesta adecuada sería que sí, igual que todos sus hermanos.

- Tu hijo podría estar buscando un mensaje de seguridad tranquilizador; podría estar preocupado por su situación si tú no estás..., y es que si te pregunta por el testamento, lo que realmente quiere saber tu hijo es si su situación no cambiará dramáticamente si te pasa algo.

- Por último, a tu hijo le podría picar la curiosidad tras hablar sobre el tema con un compañero de colegio o un amigo. Puede que este amigo le haya contado que cuando tenga dieciocho años empezará a ser el beneficiario de un fondo en fideicomiso que creó su padre o su abuelo y tu hijo crea que él también empezará a recibir el suyo.

Hijos adultos

Te recomendamos que aproveches el tema de la planificación patrimonial para hablar con tu hijo sobre el dinero y la responsabilidad. La mayoría de los padres adinerados no quieren que su dinero «solucione» la vida de su hijo, sino simplemente que les ayude, quizás donándoles dinero anualmente o comprándoles una casa; en definitiva, quieren que sus hijos vivan con responsabilidad y se ganen el pan que comen. Si lo que tienes pensado es dejar todos tus bienes a tus hijos cuando mueras, hablar con ellos sobre el tema les permitirá saber qué van a recibir y podrán, en consecuencia, planificar sus vidas. Este enfoque es el ideal si ya desde pequeños tus hijos están acostumbrados a hablar contigo sobre asuntos relacionados con el dinero y saben cuál es la riqueza neta de la familia.

Mientras disfrutaban de unas vacaciones en un hotel de lujo, Eric y Monica aprovecharon un chiste de uno de sus hijos para explicarles cómo iban a dividir la herencia. El chiste de su hijo fue: «Espero que no os gastéis mi herencia en estas vacaciones». Lo primero que respondió Mónica fue que ella y Eric estaban gastando su propio dinero, no el de sus hijos... y continuó explicándoles que ella y su marido habían acordado dejarles una cantidad a cada uno, pero que el grueso del patrimonio se dedicaría a una fundación privada que iban a crear. Uno de sus hijos, impresionado por los valores filantrópicos de sus padres, dijo: «¡Pensad en cuánto bien se puede hacer con ese dinero!»; preguntó quién iba a dirigir la fundación y cuando sus padres le contestaron que no lo tenían todavía decidido, el chico les dijo que, cuando acabase sus estudios universitarios, le gustaría colaborar con la fundación.

Hablar con tus hijos sobre la planificación patrimonial es particularmente importante si no vas a repartir tus bienes a partes iguales. Un abogado especializado en este tema, con muchos años de experiencia, nos comentó en cierta ocasión que si en vida los padres no explican en qué se han basado para repartir sus bienes, tras la muerte de éstos pueden aparecer diferencias irreconciliables entre los hermanos. Su consejo es que los padres se reúnan con sus hijos para explicar convenientemente qué bienes tienen y qué parte va a corresponder a cada hijo.

Entre los clientes de todo abogado especializado en planificación patrimonial siempre hay alguno que cambia su voluntad cada vez que tiene una disputa con alguno de sus herederos.

Si discuten con uno de sus hijos, lo primero que hacen es modificar su testamento para «reflejar» este desencuentro en la cantidad que corresponde a ese hijo; cuando pasan los meses y la situación se normaliza, vuelven a modificar otra vez el testamento, esta vez para que la herencia vuelva a ser un reparto equitativo entre todos los hijos. Si es éste tu caso, te recomendamos que no te reúnas con tus hijos para explicarles cuál es el estado del testamento cada semana, pues puede tener efectos negativos.

Hay técnicas de planificación patrimonial que conllevan la creación de una sociedad o un fideicomiso para cada hijo. En este caso, son cruciales las reuniones con tus hijos para evitar malentendidos. A la consulta de Jon han acudido personas convencidas de que uno o varios de sus hijos estaban inmersos en oscuras conspiraciones para tomar el control de la riqueza familiar. La razón de la aparición de estas «tramas» no es otra que la falta, o la ausencia, de explicaciones sobre la planificación patrimonial.

Incentivar comportamientos basados en valores

Una planificación patrimonial basada en incentivos es aquella que alienta comportamientos responsables en los herederos; en lugar de hacer recaer en un administrador la responsabilidad de hacer un reparto de los bienes congruentes con la declaración familiar de intenciones, este tipo de planificación patrimonial explicita los comportamientos que deben tener los herederos.

Este tipo de acuerdo se expresa en el testamento y determina los comportamientos que deben tener tus herederos si, tras tu muerte, quieren recibir ciertos bienes en herencia. Pero también existe la posibilidad de influir en el comportamiento de tu hijo mediante el sistema de donaciones; esta última opción es una maravillosa oportunidad para comprobar cuál es la respuesta de tus hijos a los incentivos y cómo utilizan el dinero.

Pero no te engañes, si han pasado los años y no has transmitido a tu hijo los valores apropiados en torno al dinero, los incentivos te servirán para poco.

Si, por el contrario, te has preocupado por comunicar los valores y comportamientos adecuados, los incentivos te pueden servir para reforzar toda esa educación que le has dado a tu hijo.

La creación de estos incentivos requiere una profunda reflexión en el padre pues debe decidir qué tipos de comportamientos (y valores subyacentes) quiere que exhiba su hijo. Además, los incentivos hacen que los niños piensen en un objetivo y busquen la manera de lograrlo.

En el apéndice encontrarás ejemplos de incentivos que Jon suele proponer a clientes con hijos jóvenes e incentivos que dejan en manos del administrador gran parte de las decisiones a tomar.

No tienes por qué limitarte a los dos incentivos que explicamos en el apéndice. Por ejemplo, Charles y Allison adoptaron otro enfoque. Creían profundamente en el trabajo duro y en la filantropía y no querían que sus hijos dependiesen de un fondo en fideicomiso. Al mismo tiempo, querían que sus hijos tuviesen la oportunidad de convertir la filantropía en el trabajo de sus vidas. Jon les ayudó a crear un fondo, cuyos ingresos debían ser invertidos hasta que los chicos alcanzasen la edad de cincuenta años; a partir de ese momento, los fondos podían ser utilizados. Sin embargo, si uno de los chicos decidía dedicar su vida a la filantropía, recibiría fondos que le permitiesen seguir realizando este tipo de actividades. Éste fue el modo que eligieron Charles y Allison para incentivar una vida dedicada a la filantropía y dejar la puerta abierta a otras carreras y profesiones. Si sus hijos no elegían dedicar sus vidas a la filantropía, el plan incentivaba la ética en el trabajo.

Un modo para enseñar a administrar el dinero

Todos nosotros hemos leído historias de personas que, tras recibir una fortuna en fideicomiso, han despilfarrado el dinero. Suelen tener estas historias un protagonista analfabeto, en lo que respecta a la administración del dinero, que recibe, de repente, un gran capital. Los hijos de las familias acomodadas creen que el dinero nace en los árboles, que nunca se acabará porque está continuamente creciendo; esta creencia les incapacita para gastar con moderación el dinero que reciben de los fondos en fideicomiso. Los padres no suelen ver en estos fondos un modo de enseñar a sus hijos cómo y por qué hay que administrar el dinero, lo cual es un error garrafal.

Psicológicamente, estos fondos adquieren una relevancia para los chicos muy superior a la que pueda tener cualquier otro asunto económico; en definitiva, se trata de *su* dinero. Ten por seguro que a un chico de quince años le enganchará mucho más una conversación sobre *su* fondo en fideicomiso que, por ejemplo, cualquier explicación «árida» que le des sobre cómo invertir el dinero.

Te vamos a ofrecer cuatro sugerencias para convertir los fondos en fideicomiso en experiencias didácticas sobre administración del dinero; para ello, necesitarás dos administradores, uno responsable del área administrativa y otro encargado de los asuntos de distribución. Éste último, que va a decidir cuándo y para qué se va a poder utilizar el dinero, bien podría ser un familiar o un amigo buen conocedor de la declaración familiar de intenciones. El responsable del área administrativa puede ser un asesor financiero o un profesional en estos asuntos; sus funciones estarán limitadas a la administración de los activos del fondo en fideicomiso.

Sin más prolegómenos, vamos a pasar a esas cuatro ideas que pueden maximizar el valor educativo del fondo en fideicomiso:

1. El acuerdo por el que se crea el fondo en fideicomiso debería establecer que, a partir de la fecha en que el chico cumpla quince años, éste debe reunirse por lo menos una vez al año con el administrador responsable del área administrativa. Este administrador debería aprovechar esas reuniones para explicar al chico por qué y cómo se están invirtiendo los fondos. De este modo, tu hijo entrará en contacto con conceptos como la asignación de activos o la inversión de crecimiento.

2. Debes fijar una edad en la que tu hijo empiece a ser responsable, junto con el administrador, del área administrativa de su fondo en fideicomiso. No tiene por qué ser una edad, sino un hecho que creas oportuno, por ejemplo, cuando haya finalizado sus estudios universitarios. De este modo, tu hijo se ve involucrado, de un modo práctico, en la administración de su fondo.

3. Tras compartir durante algunos años la responsabilidad administrativa, deberías propiciar que tu hijo diese el salto definitivo y asumiese toda la responsabilidad de la administración y la inversión de su fondo en fideicomiso. El acuerdo que establece el fondo debería especificar la posibilidad de contratar profesionales de la inversión que asistiesen al chico en estos primeros momentos. Esta experiencia podría convertirse en un buen curso de postgrado en administración para tu hijo.

4. Podrías estructurar el fondo en fideicomiso para que tu hijo, cuando tenga cierta edad, adquiera las funciones del administrador encargado de los asuntos de distribución; ten en cuenta que, cuando llegue ese momento, tu hijo tendrá el control de su fondo en fideicomiso. En definitiva, con una medida como ésta lo que estás comunicando a tu hijo es que lo ves lo suficientemente responsable y capacitado para gestionar todo lo relacionado con su fondo. Sin embargo, recuerda que manteniendo la propiedad en el fideicomiso, en lugar de distribuirla, estarás protegiendo a tu hijo en asuntos relacionado con divorcios, demandas y bancarrotas financieras.

Planificación patrimonial y filantropía

Si haces de la filantropía un componente integral de tu planificación patrimonial, no estarás incentivando a tu hijo a involucrarse en actividades filantrópicas en el futuro, sino más bien le estarás comunicando cuánto valoras ese tipo de actividades en la actualidad. Quieres que este mensaje le quede claro a tu hijo y que le llegue desde varios sitios; es un modo de contrarrestar el efecto de vivir en una urbanización de personas adineradas, en la que los amigos de tu hijo podrían ignorar los problemas de aquellas personas que no gozan de su situación. Si tu hijo se involucra en actividades filantrópicas y desarrolla una perspectiva sana, es muy posible que pueda evitar el efecto negativo del dinero. Para lograrlo, considera estas tres técnicas.

Enseña a tus hijos a compartir

Establece en el acuerdo del fondo en fideicomiso que un porcentaje, del cinco al diez por ciento, de los ingresos anuales vayan destinados a las organizaciones filantrópicas o de beneficencia que elija tu hijo. El administrador podría estar autorizado a utilizar los fondos en fideicomiso para ayudar al chico a elegir la organización que más le interese, por ejemplo, pidiendo consejo a un asesor.

Utiliza el método de Jackie

Jacqueline Kennedy Onassis empleó una técnica de planificación basada en la filantropía familiar, conocida con el nombre de fondo en fideicomiso de ingresos para la caridad, para ahorrar impuestos e involucrar a sus hijos en actividades filantrópicas. Un fondo en *fideicomiso de ingresos para la caridad* es un fondo al que se contribuye con propiedades que generan ingresos. Este tipo de fondo se compromete a ingresar una anualidad (es decir, una determinada cantidad de dinero) a una o varias organizaciones de beneficencia durante un determinado número de años.

Cuando expira el período establecido, tus hijos se convierten en los beneficiarios del fondo. En el momento de crear el fondo se establece qué parte de los ingresos se dedican a las actividades filantrópicas y durante cuánto tiempo se van a mantener esas ayudas; además, también se establece qué derroteros tomará el fondo cuando ya no se hagan más donaciones a estas organizaciones. Por ejemplo, Jackie estableció que un comité formado por sus dos hijos, su abogado (Alexander Forger) y su compañero (Maurice Tempelsman), fuese el encargado de distribuir anualmente el ocho por ciento del valor del fondo a las organizaciones que eligiesen. El fideicomiso debía continuar durante veinticuatro años, tiempo tras el cual, los activos continuarían en fideicomiso para los nietos de Jackie.

De este modo, Jackie, no sólo lograba involucrar a sus hijos en actividades filantrópicas, sino que ahorró mucho dinero en impuestos. El patrimonio de Jackie nunca se hizo público. El *New York Times* informó que sus albaceas habían valorado su patrimonio en 43,7 millones de dólares; sin embargo, las cantidades que se pagaron en las subastas de algunas de sus propiedades hizo que una auditoría del IRS (*Internal Revenue Service*) estimase su fortuna en 73 millones. Fuese cual fuese su patrimonio, la auditoría reveló que Jackie sólo tenía que pagar impuestos por el tres por ciento del valor de los activos que destinaba al fideicomiso de ingresos para fines caritativos. Sin embargo, el testamento de Jackie no creaba automáticamente este fideicomiso. En su lugar, daba a John y Caroline la posibilidad de heredar sus activos directamente y pagar los impuestos o de permitir que esos activos fuesen al fideicomiso de ingresos para fines caritativos, ahorrar impuestos y finalmente, pasar esos activos a los niños. El 21 de diciembre de 1996, apareció en el *New York Times* la siguiente información: «Al parecer, los *niños* han preferido pagar los impuestos e invertir».

El fideicomiso de ingresos para la caridad es la opción que eligen muchos de nuestros clientes; les permite involucrar a sus hijos en la filantropía haciéndoles participar en la junta o consejo que decide las organizaciones que van a recibir ingresos cada año. Es un buen método para hacer a tus hijos co-administradores o que participen en reuniones con los asesores de inversión. El fideicomiso funciona como un plan de pensiones, tus chicos obtendrán el beneficio dentro de veinte o treinta años. Además, el fideicomiso de ingresos para la caridad puede ahorrarte impuestos.

Sin embargo, muchos de nuestros clientes ven en los fondos en fideicomiso de ingresos para la caridad un buen modo para planificar las actividades filantrópicas de la familia. Con el fideicomiso involucran a sus hijos en la filantropía haciéndoles partícipes de una junta o consejo que decide qué organizaciones van a recibir las ayudas; los padres que optan por este tipo de fideicomiso, enseñan a sus hijos a administrar el dinero haciéndoles co-administradores o permitiéndoles reunirse periódicamente con los asesores de inversión. Para los padres preocupados por el hecho de que sus hijos empiecen a recibir «demasiados» ingresos desde muy jóvenes, este fideicomiso actúa como un plan de jubilación, pues sus hijos empezarán a beneficiarse del fondo dentro de veinte o treinta años..., todo ello unido al consiguiente ahorro en impuestos.

Capital social

Si tienes una riqueza neta sustancial, tendrás que pensar en tu capital social. El capital social es la parte de tu patrimonio que no van a heredar tus herederos. O lo donas o irá a parar a manos del estado en forma de impuestos. Si decides que el estado sea el beneficiario de este patrimonio, no te sientas mal, no eres el único. En 1904, uno de los juristas más importantes de Estados Unidos, Oliver Wendell Holmes, describió los impuestos como «el precio que pagamos por una sociedad civilizada». Algunos de nuestros clientes se han adherido a esta afirmación y han hecho saber a sus familias que consideran moralmente correcto dejar al estado parte de su riqueza.

Pero si tu opción es elegir organizaciones que hagan un buen uso de tu capital social, considera dejar parte de tu patrimonio a una fundación familiar o a un fondo administrado por una fundación de la comunidad. En ambos casos, harás a tus hijos partícipes de la elección de las organizaciones que recibirán las ayudas (en forma de tiempo o dinero). Considera la formación de una junta o consejo con la participación de tus hijos o nietos (sabemos de niños que han encontrado en ésta una experiencia muy enriquecedora).

Los cuatro errores más comunes de los fondos en fideicomiso

Los motivos que subyacen tras la creación de un fondo en fideicomiso suelen ser nobles.

La intención no es simplemente solucionar la vida de los herederos; el objetivo es transferir el patrimonio familiar de un modo responsable. Pero, a pesar de tan nobles motivos, hay varios errores en los que los padres suelen caer:

1. **Ocultar a los niños la existencia del fideicomiso.** Es un error común en los padres creer que las cosas o hechos que no conocen sus hijos no les harán daño. Hay padres que creen que si sus hijos no saben que tienen un fondo en fideicomiso, simplemente, es mejor para ellos. El problema es que tus hijos sabrán por el testamento que tenían uno, y esto puede ser fuente de malentendidos. Es más, si siendo jóvenes se enteran de la verdad, podrían sentirse engañados.

   Si has creado un fondo en fideicomiso para tu hijo, díselo pronto (incluso antes de la adolescencia); explícale que ya es un miembro responsable de la familia y, como tal, es acreedor de un fondo en fideicomiso. Háblale de la palabra *fideicomiso*; debe entender que recibirá un dinero porque tienes fe en que lo gastará adecuadamente.

2. **Asignar a los niños el papel de meros receptores.** Es decir, no permitir que tu hijo participe en la administración del fideicomiso, quizás porque temas que sus decisiones no van a ser las adecuadas o porque no lo ves lo suficientemente preparado para participar en el proceso de administración. Pero también puede ser porque creas que no es éste un asunto importante para tu hijo. Ten en cuenta que, en definitiva, él va a ser quien tome las decisiones, acertadas o no, con este dinero.

Tu hijo debe aprender a administrar el dinero del fideicomiso. Explícale que una de las responsabilidades inherentes a tener dinero es saber cómo administrarlo. Este proceso de aprendizaje debería empezar pronto, siendo niño. Dile que, cuando pasen los años, el dinero será suyo y que será él quien tendrá que enseñar a sus hijos. Como mínimo, y si no le interesa el tema, debería ser capaz de reconocer las cualidades y actividades de la persona que administre el dinero... Esta actitud de reconocimiento es la que deberías fomentar en tu hijo.

3. **Considerar el fideicomiso como un asunto exclusivamente legal.** Casi todos los abogados están preparados para tratar las cuestiones técnicas de una planificación patrimonial. Se centran en crear documentos ventajosos desde el punto de vista impositivo; si no insistes, no crearán una planificación patrimonial en la que tus hijos vean reflejados tus valores. Muéstrale a tu abogado la declaración familiar de intenciones y explícale que deseas que tu planificación refleje tus valores. Si te dice que es imposible, considera la opción de pedir una segunda opinión. Una buena planificación patrimonial debería ser lo suficientemente flexible para incluir la declaración de intenciones de tu familia.

4. **No aprovechar el fideicomiso para alentar comportamientos positivos.** Si están bien redactados, los fideicomisos pueden alentar la formación, la iniciativa y la filantropía; sin embargo, en ocasiones los padres no ven esta posibilidad; temen que sus hijos los vean como personas que intentan controlar todo lo que hacen. En realidad, tus hijos no verán mal que en el fideicomiso aparezcan frases o párrafos describiendo comportamientos si son justos y reflejan la conducta que les has estado enseñando durante toda la vida. Por supuesto, no incluyas párrafos que establezcan que tu hijo no recibirá dinero a menos que sea millonario antes de cumplir los veinticinco o que exijan que tu pequeño sea un abstemio. Terminar una carrera universitaria, si este hecho es importante en tu familia, o tener un empleo, si la ética

del trabajo forma parte del sistema de creencias de tu familia, sí son estipulaciones justas y coherentes. Ten en cuenta que, si incluyes este tipo de estipulaciones, el fideicomiso también tendrá que especificar qué ocurrirá en caso de no cumplimiento: ¿Heredarán tus hijos el dinero cuando sean mayores o se donará a actos caritativos? La clave está en que tus hijos tengan claro desde muy jóvenes qué requisitos han de satisfacer.

El sabotaje de los abuelos

Si tu planificación patrimonial se basa en la declaración familiar de intenciones e incentiva comportamientos responsables, deberías compartir esta información con otros familiares, normalmente abuelos y tíos, que podrían hacer donaciones o dejar propiedades en herencia a tu hijo. Unos abuelos, que crean fideicomisos que ponen grandes cantidades de dinero en manos de los niños a los dieciocho años, pueden echar por tierra tus planes de educar hijos responsables en el terreno económico. Normalmente, los abuelos suelen hacerse caso de sus hijos mayores en lo relativo a la parte de la planificación patrimonial que afecta a los nietos.

Pero, ¿qué deberías hacer si los abuelos se niegan a dejar de hacer donaciones que consideras inadecuadas o si se empeñan en crear un segundo fideicomiso para tu hijo? Asumiendo que el fideicomiso no se puede modificar, tienes que enfrentarte a la realidad de que tu hijo va a disponer de una gran cantidad de dinero desde muy joven. Procura interesar a tu hijo en la administración del dinero. Si se trata de grandes cantidades, ofrécete a encontrar a alguien que le ayude a administrar y a crear un presupuesto razonable. No te olvides de las pasiones de tu hijo, terminar sus estudios universitarios, crear un grupo o convertirse en futbolista profesional; de lo contrario, tu hijo se convertirá en un adulto sin aficiones que no tendrá que trabajar para mantenerse. El dinero unido al aburrimiento harán de tu hijo una persona infeliz y sin valores.

10

Padres en tiempos de cambio

Los nuevos desafíos del dinero

Hoy en día, las familias ya no responden a un mismo patrón. Más del cincuenta por ciento de las parejas se divorcian; muchos de estos divorciados se vuelven a casar, formando nuevas familias.

Cada vez son más los padres solteros, gays y lesbianas que adoptan un niño. A los padres de los universitarios, no les preocupan tanto las drogas, como el uso sin sentido que hacen sus hijos de la tarjeta de crédito. Los licenciados viven en casa de sus padres porque no pueden encontrar un trabajo adecuado.

Estas y otras circunstancias constituyen situaciones desafiantes para los padres y requieren decisiones salomónicas. En nuestra opinión, las más problemáticas para los padres prósperos serían:

- Los divorcios que cambian el estilo de vida.

- La confusión económica que generan tanto los hijastros como los hijos adoptados.

- El abuso de la tarjeta de crédito.

- Las relaciones económicas con hijos independizados.

- La riqueza repentina.

- El papel positivo o negativo de los abuelos.

Divorcios que cambian el estilo de vida

Si te enfrentas a un divorcio, lo cual no sería extraño en estos tiempos, debes evitar que se convierta en una «batalla económica» en la que tu hijo sea la víctima. El divorcio suele tener un efecto negativo en la economía familiar. Este efecto puede ser devastador para los hijos de las familias prósperas, que de repente notan que ya no pueden mantener el estilo de vida que se tenían hasta el momento de la ruptura; los padres ya no pueden pagar colegios privados o clases particulares y, en ocasiones, hay que dejar esa urbanización tan bonita en la que se vivía. Además, la posible diferencia económica entre padre y madre que genera un divorcio puede sembrar la confusión en los hijos.

El efecto que produce el divorcio en las relaciones que en torno al dinero tienen los hijos depende de la edad del niño y del estadio de desarrollo en el que se encuentre... Y es que los hijos de parejas divorciadas también tienen que pasar por los estadios que definió Erikson (capítulo 2), pero sin el apoyo de una familia sólida. Como dice Constance Ahrons, autora del libo *The Good Divorce*, si queréis minimizar las secuelas del divorcio en vuestros hijos, padre y madre debéis enfrentaros a esta situación sin malicia y teniendo siempre en mente el bienestar de vuestros hijos. Si estás divorciado o en proceso de divorcio, considera los siguientes pasos para lograr que las consecuencias económicas de esta nueva situación sean inocuas para el desarrollo de tu hijo:

- Explícale a tu hijo por qué no vais a poder llevar el mismo estilo de vida; deja que tu hijo dé su opinión sobre el tema. Evidentemente, tener que dejar el colegio privado en el que estudiaba o la piscina de la urbanización en la que vivía puede ser traumático para tu hijo. Déjale que dé rienda suelta a su enojo y responde a cualquier pregunta que, sobre el divorcio, te pudiera realizar. Debes darle a conocer qué planes tienes para ganar más dinero (volver a la universidad, encontrar un segundo trabajo o uno mejor pagado que el que tienes en la actualidad, etc); también podrías hablar con él sobre la posibilidad de que trabajase a tiempo parcial. Ni más ni menos, debes convencer a tu hijo de que la situación actual es transitoria.

● Preocúpate por conocer todos los problemas que podrían surgir al delegar tus responsabilidades como padre a una niñera, *au pair* o a un centro de educación infantil. El divorcio puede hacer que un padre o una madre que no trabajaba tenga que volver a hacerlo. Aunque esto es inevitable, preocúpate por conocer bien a quien dejas al cuidado de tus hijos (especialmente si es muy joven). Si quieres más información sobre este tema, el capítulo 2, dedicado a los estadios de desarrollo, te será especialmente útil.

Nuestra sugerencia

Si tienes hijos pequeños, retrasa todo lo que puedas tu incorporación al trabajo después del divorcio. Si lo haces de otra forma, tus hijos estarán «perdiendo» a ambos padres porque uno ya no vive en casa y el otro pasa todo el tiempo trabajando.

● Antes de dividir los bienes, abre un fondo para los estudios de tu hijo. Éste es un buen modo de evitar las discusiones sobre quién debe pagarlos. Si te resulta imposible, considera el enfoque que tomaron Meg y Steve cuando se divorciaron. Cuando se casaron, Meg decidió dejar el trabajo para cuidar a sus hijos. Steve era un médico de prestigio. Cuando se divorciaron, Meg volvió al trabajo. Cuando los chicos cumplieron dieciocho años y fueron a la universidad, Steve decidió correr con los gastos pues sus ingresos eran mucho más elevados que los de su exmujer. La otra cara de la moneda es el caso de Debbie y Richard. Ambos trabajaban y utilizaron los estudios universitarios de sus hijos como arma arrojadiza. Debbie le dijo a los chicos que le pidiesen a su padre ayuda para sus estudios, ya que él ganaba más que ella...; Richard, por su parte, les decía que le pidiesen el dinero a su madre porque «no se podía haber gastado ya la pensión que le pasaba».

- No intentes ser el favorito de tu hijo comprándolo. No son pocos los divorcios que resultan en una gran disparidad económica entre la pareja. El padre o la madre con más ingresos no debería aprovechar esta ventaja para ganarse la simpatía de su hijo.

La confusión económica que generan los hijastros y los hijos adoptados

Hace siglos, Samuel Johnson dijo: «Casarse otra vez representa el triunfo de la esperanza sobre la experiencia». Si esta afirmación es cierta, las estadísticas de hoy en día sugieren que la mayoría de nosotros somos optimistas incurables. En Estados Unidos, el setenta y cinco por ciento de las mujeres y el setenta y nueve por ciento de los hombres se casan en segundas nupcias. El sesenta por ciento de las personas que se casan en segundas nupcias tienen hijos de su anterior matrimonio. Este hecho, unido al aumento de la adopción, ha hecho cambiar el modelo de familia tradicional. En Estados Unidos, las adopciones de las familias monoparentales constituyen el treinta y tres por ciento de las totales. A todo ello hay que sumar, el número cada vez mayor de niños que son adoptados por gays y lesbianas.

Pero la figura del hijastro o del niño adoptado suele traer consigo complicaciones de índole económica. Los gastos en manutención y pensiones pueden traer la discordia, el odio y la envidia al seno de la familia. El caso de Harry y Sally es un buen ejemplo. Harry era dentista y Sally relaciones públicas; llevaban casados quince años y tenían un hijo de diez años. Durante los últimos cinco años, eran frecuentes las discusiones sobre la planificación patrimonial. Harry tenía un hijo de diecinueve años y una hija de diecisiete, fruto de un matrimonio anterior, que vivían con su exmujer. Harry le pasaba a su exmujer una pensión mensual de 2.000 dólares por sus hijos. Cuando llegó el momento, Harry se hizo cargo de los estudios universitarios de su hijo, 20.000 dólares al año. El patrimonio de Harry y Sally estaba valorado en 3.000.000, dividido a partes iguales por un régimen de bienes gananciales. Harry quería que sus tres hijos heredasen a partes iguales su mitad de patrimonio; sin embargo, Sally se oponía enérgicamente a esta idea, pues de este modo dos terceras partes del patrimonio irían a manos de los hijos del primer matrimonio de Harry, sólo una tercera parte para el hijo que ellos habían tenido. Sally no se paró a pensar que su marido tenía tres hijos y ella sólo uno. Repetía una y otra vez que desde que se casaron habían satisfecho puntualmente las pensiones para los hijos del primer matrimonio de Harry y que, bajo ningún concepto, iba a dejar que su marido llevase a cabo lo que tenía pensado.

Tanto los matrimonios en segundas nupcias como las adopciones han afectado a los sistemas de valores y a la disciplina. En su libro *Funny Sauce*, Delia Ephron describe de un modo curioso, simpático y enredoso este nuevo tipo de familia que ha nacido fruto de los divorcios y los matrimonios en segundas nupcias:

> Las nuevas familias de hoy en día se deben a una innovación denominada custodia compartida; la custodia compartida significa que dos personas que estuvieron casadas en el pasado comparten el cuidado de sus hijos. Si es este tu caso, tu familia podría estar compuesta por tu exmarido o exmujer, por la pareja actual de tu exmujer o exmarido, por tu pareja actual, posiblemente por la expareja de tu pareja actual, y por la pareja de la expareja de tu pareja actual. Por sus venas no corre la misma sangre y muchos de ellos no se soportan entre sí.

Ephron dejó fuera de todo este embrollo un elemento que puede ser causa de gran estrés emocional: los padres de los padrastros y sus correspondientes testamentos. Los abuelos suelen tener conflictos con los hijos fruto de matrimonios anteriores de la pareja actual de su hijo, sobre todo, cuando tienen nietos biológicos. Los abuelos suelen reflejar estos conflictos en el reparto que establecen en su testamento, haciendo distinciones entre nietos biológicos y los que no lo son.

Estas distinciones pueden ser fuente de problemas graves. Los padres de Bruce murieron en un accidente aéreo hace veinte años. Dejaron una sustanciosa cantidad en fideicomiso a Bruce y a los que denominaban sus hijos «naturales». Bruce se casó con Inez hace quince años y tienen dos gemelos, Jay y Tony, de doce años de edad. Inez tiene una hija de diecisiete años, Julie, fruto de un matrimonio anterior. Bruce se implicó tanto en la educación de Julie que la considera una hija más. Bruce e Inez acudieron a nuestra consulta hace poco tiempo, tenían un problema: del fideicomiso que dejaron los padres de Bruce sólo se podían beneficiar los gemelos, Julie quedaba fuera. ¿Cómo debían explicárselo a los niños? ¿Cómo podían compensar a Julie? ¿Qué consecuencias traería todo esto a la relación que existía entre los chicos?

Les recomendamos que explicase a los tres niños que los padres de Bruce no consideraron la posibilidad de que su hijo tuviese un hijastro, ya que en sus tiempos la adopción y los matrimonios en segundas nupcias eran muy poco frecuentes. Además, le recomendamos a Bruce que abriese tantos seguros como fueran necesarios para que Julie recibiese una herencia similar a la que habían recibido sus hermanastros.

El «problema de los abuelos» también es muy común con los niños adoptados y los hijastros. Tu padre, ¿hará alguna distinción entre sus nietos biológicos y los que no lo son?; en tu testamento, ¿harás esta distinción? Los abogados no suelen tener en cuenta este hecho cuando redactan testamentos. La definición de «hijo» y «nieto» suele aparecer en la letra pequeña del documento y no se tiene en cuenta a la hora de redactar un testamento.

El abuso de la tarjeta de crédito

Las tarjetas de crédito se han convertido en todo un símbolo para los hijos de las familias prósperas. Los padres se las proporcionan con la mejor de sus intenciones, diciéndoles que sólo las utilicen en casos urgentes o imponiéndoles un límite, pero los chicos terminan abusando de este privilegio. La situación es sencilla: adolescentes que «machacan» su tarjeta de crédito y padres que terminan pagando las deudas que han contraído sus hijos. Cuando esto ocurre, cuando unos padres socorren a sus hijos pagando sus deudas, el mensaje que está recibiendo el chico es que no es necesario ser responsable con el dinero porque siempre habrá alguien que le saque de los apuros.

No estamos en contra de que los chicos utilicen tarjetas de crédito. Muy al contrario, las encontramos útiles como experiencia en la administración del dinero. Sin embargo, dar una tarjeta de crédito a tu hijo sin darle unas mínimas explicaciones, seguro que te traerá problemas. Ten en cuenta que este fenómeno es relativamente reciente porque la mayoría de los padres no tuvieron tarjetas de crédito en su juventud.

Hasta 1990, las compañías emisoras de estas tarjetas se centraban exclusivamente en los adultos con trabajos a tiempo completo. Estas compañías consideraban que los estudiantes universitarios constituían un riesgo para su negocio; de este modo, un estudiante debía superar innumerables obstáculos para conseguir una tarjeta y sólo terminaba consiguiendo una cuando se licenciaba, para lo cual necesitaba la firma de sus padres. La obtención de esta primera tarjeta de crédito marcaba el paso de niño a adulto. Este escenario empezó a cambiar a mediados de los años ochenta, cuando las compañías decidieron conceder tarjetas de crédito a los estudiantes basándose en sus futuros ingresos y sin necesidad de la firma de los padres. Hoy en día, las compañías emisoras no dudan en bombardear a los chicos de dieciséis años para que consigan su primera tarjeta.

El resultado no nos sorprende: uso abusivo de las tarjetas de crédito y jóvenes arruinados. Según Robert D. Manning, autor de *Credit Card Nation*, la deuda contraída por los universitarios estadounidenses en 1995 por este concepto fue más del doble que la contraída en 1990. Las estadísticas estatales muestran que el índice de personas arruinadas antes de los veinticinco años aumentó un quinientos por ciento.

Cuando tu hijo cumpla quince años, probablemente te pedirá la que será su primera tarjeta de crédito. ¿Qué debes hacer? ¿Debes firmar o negarte y esperar unos años? Si tienes un hijo de dieciséis o diecisiete años que te ha demostrado que es razonablemente responsable con el dinero, te recomendamos que utilices una tarjeta de crédito para enseñarle qué es y cómo se utiliza el dinero. *Razonablemente responsable* significa que te ha demostrado su capacidad para administrar la asignación semanal y que no te atosiga con frases como: «Le debo a una amiga cincuenta dólares que me prestó para comprarme este suéter y está enfadada porque quiere que le devuelva el dinero ya». Si quieres saber si tu hijo es razonablemente responsable con el dinero, hazte estas tres preguntas: (1) ¿participa en las actividades filantrópicas de la familia?; (2) ¿trabaja en verano y ahorra el dinero para propósitos específicos?; y por último, (3) ¿refleja su comportamiento con el dinero los valores de la familia?

El proceso de cuatro pasos que te proponemos a continuación te ayudará a sacar el máximo provecho posible de la experiencia de dar a tu hijo una tarjeta de crédito:

1. **Explica a tu hijo la importancia de tener un buen historial de crédito.** Sin crédito, tu hijo no podrá alquilar un coche, un apartamento o realizar compras por teléfono o a través de Internet. Tienes que hacerle entender que es mejor no tener historial de crédito que tener un pasado plagado de deudas.

2. **Haz pruebas.** Asegúrate de que tu hijo tiene una cuenta corriente y ha aprendido a firmar cheques teniendo en cuenta el saldo de su cuenta; luego, proporciónale una tarjeta de débito (parecida a la de crédito pero asociada a una cuenta corriente). Tu hijo no podrá hacer compras con valor superior al saldo de la cuenta, de este modo, aprenderá a no gastar alocadamente. Ten en cuenta que, aunque tu hijo te haya demostrado su responsabilidad con el dinero, puede verse tentado a gastar alocadamente. Imagina que le das a tu hijo cinco mil dólares y le dices que sólo puede gastar cien; llegará un momento en el que tu hijo se verá tentado a exceder el límite que le has establecido. Pues lo mismo ocurrirá cuando le des una tarjeta de crédito con un límite de cinco mil dólares. De ahí nuestro consejo de las tarjetas de débito. Una opción parecida son las tarjetas de crédito pre-pagadas, como la Visa Buxx, que permite a los padres controlar los gastos de su hijo.

3. **Desmitifica el mito del crédito fácil.** Si crees que tu hijo ya está preparado para tener una tarjeta de crédito, tendrás que hacerle ver cuál es el coste real del crédito. Leed la documentación de la tarjeta y determinad el porcentaje anual. Explícale a tu hijo que si no paga mensualmente lo que compra, los intereses se multiplicarán. El modo de pago y la cantidad disponible variarán dependiendo de los ingresos de tu hijo (su asignación más cualquier otro ingreso que obtenga por pequeños trabajos que realice). Si el pago no es mensual, establece un límite apropiado. Asegúrate de que tu hijo entiende el concepto de comprar un mes y pagar al siguiente. Enseña a tu hijo las consecuencias de pagar tarde; el emisor de la tarjeta podría establecer un recargo de veinticinco dólares por retrasos en el pago, aunque la cantidad debida sólo sea de 10 dólares. Enfatiza a tu hijo la importancia de guardar la tarjeta en un sitio seguro; háblale de las consecuencias de perderla, por robo o descuido.

4. **Controla el uso que hace tu hijo de la tarjeta de crédito.** Revisa los extractos todos los meses y hablad de las cosas que ha comprado tu hijo. Los objetivos de esto último son dos. En primer lugar, puedes comprobar si tu hijo está haciendo un uso razonable de la tarjeta. ¿Está pagando fielmente lo que debe? ¿Está pagando intereses por demoras en el pago? ¿Está utilizando la tarjeta para hacer pequeñas compras que podría pagar con el dinero que llevase en el bolsillo? En segundo lugar, es una oportunidad para observar y hablar del patrón de compras. Es muy revelador para los jóvenes darse cuenta de que gastan la totalidad de su asignación en gasolina o que están haciendo rico al dueño del centro comercial del barrio. Los extractos de una tarjeta de crédito dan clara evidencia del patrón de gastos de su tenedor; no se trata de que los utilices como arma arrojadiza, sino como una excusa para hablar sobre si el patrón de gasto que demuestran es el mejor modo de sacar provecho del poder adquisitivo que ofrece una tarjeta.

Nuestra sugerencia

Escribe en un papel las cosas que habrías comprado si tus padres te hubiesen proporcionado una tarjeta de crédito cuando tenías dieciséis años. ¿Son las mismas cosas que está comprando tu hijo ahora?

Independizar a hijos adultos

Criar hijos que en algún momento lleguen a ser independientes es una actividad desafiante para los padres, especialmente para los de clase media y alta. Los hijos que llegan a edades adultas y no están preparados para tomar las decisiones propias de los adultos pueden ser una fuente de problemas para sus padres; muchos de estos problemas tienen su raíz en el dinero. Incluso aquellos que han aprendido a ser independientes se encuentran con problemas que sus padres, finalmente, tienen que resolver.

A mediados de los ochenta, psicólogos y sociólogos empezaron a reconocer un fenómeno nuevo que se daba sobre todo entre los hijos de las familias prósperas: los niños nacidos tras los años sesenta tardaban una década más en asumir sus responsabilidades que cualquier otra generación anterior. Susan Littwin, la autora de *The Postponed Generation: Why American Youth Are Growing Up Later*, estaba entre las personas que se dio cuenta de este fenómeno. Littwin señaló que muchos de los hijos de las familias de los sesenta tenían exceso de protección; las personas nacidas durante el boom de los sesenta quisieron dar a sus hijos todo de lo que ellos carecieron, protegiéndoles de los fracasos y problemas inherentes al crecimiento. Estos chicos no se tuvieron que enfrentar a los problemas propios de la infancia, necesarios para aprender a desenvolverse en nuestro mundo; de este modo, alcanzaron edades adultas en familias donde, en palabras de Littwin, los padres continuamente «preparaban el camino».

En 1989, los sociólogos Allan Schnaiberg y Sheldon Goldenberg, coautores de *From Empty Nest to Crowded Nest: The Dynamics of Incompletely*

Launched Young Adults», acuñaron el término *jóvenes adultos insuficientemente prepa- rados para ser independientes* para describir este fenómeno. Señalaron que muchos padres de la generación de los sesenta no habían preparado a sus hijos para ser responsables e independientes. Debido a ello, cuando alcanzaban edades adultas seguían viviendo en el hogar familiar o en apartamentos pagados por los padres. Entre 1964 y 1989, se experimentó un aumento del más del vein- ticinco por ciento en el número de hijos adultos, con edades comprendidas entre veinte y veinticuatro años, que seguían viviendo en el hogar familiar; asimismo, el aumento de hijos adultos, con edades comprendidas entre vein- ticinco y veintinueve años, que seguían viviendo en el hogar familiar fue del cincuenta por ciento.

Si se iban de casa, lo hacían con resentimiento y, a menudo, contando con la ayuda económica de sus padres. A los adultos, al revés que a los niños, no les gusta depender de nadie, vivan o no en el hogar familiar. Paradójicamente, estos adultos se rebelaron contra la ayuda que le ofrecían sus padres abusando del alcohol, las drogas o despilfarrando el dinero; lo más curioso es que fue- ron los padres quienes terminaron pagando estas rebeliones. Littwin llama a este ciclo: «Dependencia, rebelión y rescate».

Como resultado de esta tendencia, muchos adultos de clase media empezaron a exhibir un sentimiento narcisista de superioridad, sentimiento que, otrora, era exclusivo de los hijos de los ricos. Se identificaron con el estilo de vida de clase media alta de sus padres, pero no con la ética del trabajo de sus progenitores; esperaban poder disfrutar del estilo de vida de sus padres cuando se independizasen, pero no asumieron el concepto de «ganarse las cosas con el sudor de su frente».

Si tu hijo ha terminado sus estudios universitarios pero no acaba de encon- trar el trabajo que él quiere, o si tiene veinte años y le gusta vivir en casa, levantarse tarde y pasar sus noches de fiesta, probablemente te preguntes una y otra vez qué puedes hacer para que se dé cuenta de qué es realmente la vida. Hemos dedicado varias páginas a estudiar este fenómeno porque queremos que te quede claro que tú no eres el culpable de esta situación; más bien han sido algunas tendencias sociales las que han llevado a los jóvenes a este punto.

Deja de culparte por la situación y sigue los pasos correctos para que tu hijo se independice económica y psicológicamente. Aparta gradualmente a tu hijo del apoyo familiar y limita tus ayudas salvadoras.

Pero ten en cuenta que éste puede ser un proceso lento, como intentamos demostrar con el siguiente ejemplo. Christina pertenecía a la segunda generación de una familia rica. Sus padres habían regentado un próspero negocio en la costa este de Estados Unidos y se trasladaron a California para disfrutar de su jubilación. Crearon fideicomisos para todos sus hijos, por ello, Christina no sabía lo que era trabajar. Cuando comenzó a asistir a la terapia de Eileen (una de las autoras de este libro), Christina expresó su preocupación por la relación que tenía con su hija mayor. Christina se preguntaba si hacía bien dándole a su hija Jessica, de veinticinco años, seis mil dólares al mes para que se dedicara a los estudios por completo, viviese en una buena casa en Brentwood y no tuviese que trabajar. «Si sigo así, ¿estaré convirtiendo a Jessica en una persona que dude de ella misma, como me ocurre a mí?», se preguntaba. Pasaron los meses y Christina llegó a la conclusión de que era necesario empezar a reducir progresivamente, hasta llegar a eliminar, la ayuda económica que le daba a su hija. Sin embargo, aun convencida, temía comunicarle a su hija la decisión que había tomado. Pero Christina tenía la suerte de trabajar con un buen asesor financiero que le ofreció su ayuda. Madre e hija se reunieron con el asesor; éste explicó a Jessica que su madre iba a ir reduciendo la ayuda económica que le daba durante los próximos cinco años, tiempo tras el cual la asignación desaparecería. Jessica se puso muy nerviosa, histérica. ¿Cómo le podía hacer esto su madre? El asesor financiero se ofreció a Jessica para ayudarle a hacer un presupuesto personal, palabras que hasta ahora no tenían ningún sentido para Jessica. Pasado un año, se volvieron a ver y hubo sollozos pero no histerismo. Jessica estaba encantada de que su madre, Christina, hubiese eliminado la ayuda económica que le daba para forzarla a ganarse la vida con su propio esfuerzo. Jessica consiguió acabar sus estudios universitarios, tenía un trabajo a tiempo completo y no necesitaba ayudas de nadie. Y lo que es más importante, Jessica había madurado y se había convertido en una persona adulta que disfrutaba con su madre y sus amigos.

Al contrario que Christina, puede que a ti te cueste menos tiempo ir apartándote de tu hijo. A la hija de Ed y Marcia, Patty, siempre le había interesado la política local. No llevaba un año en la universidad cuando decidió dejarla, regresar a casa y anunciar que había aceptado un trabajo no remunerado en el ayuntamiento. Ed y Marcia analizaron la situación y le dijeron a su hija que no estaban de acuerdo con la decisión que había tomado, pero que le permitían vivir en casa y le ayudarían económicamente durante seis meses; tras esos seis meses, tendría que haber encontrado un trabajo remunerado y un apartamento. Creían que su hija iba a protestar, como lo hacía cuando siendo una adolescente se quejaba de que sus padres le «prohibían» disfrutar de la riqueza familiar; pero no hubo ni un lamento, sino todo lo contrario. Patty aceptó la decisión de sus padres y antes de que transcurriesen seis meses ya tenía un trabajo a tiempo completo y vivía en un apartamento. Sus padres, asombrados, dijeron: «Es como si hubiese crecido delante de nosotros».

Como padre, vas a tener que demostrar la fuerza de tus convicciones. Aunque tu hijo ya sea un adulto, puede seguir comportándose como un adolescente. Un problema que ocurre con mucha frecuencia es que los chicos se saltan los plazos que le imponen los padres, justamente, porque fue a lo que se les acostumbró cuando eran más jóvenes. Tienes que estar preparado para este tipo de situaciones; «rescatar» a tu hijo le puede hacer más mal que bien. Greg, un joven de veinticuatro años, volvió a casa tras licenciarse en la universidad; estaba buscando un trabajo de guionista, para el que se había preparado. Sus padres, Paul y Amanda, vivían en una mansión en Berverly Hills, que tenía una casa de invitados en el jardín trasero. Greg se instaló en la casa del jardín y empezó a buscar trabajo aunque sin mucho afán. Tras seis meses de búsqueda infructífera (tiempo en el que Greg consiguió un estupendo bronceado, fruto de sus largas horas en la piscina), sus padres empezaron a sugerirle que debía encontrar un trabajo e independizarse. A Greg le pareció bien, pero lo único que consiguió es ponerse más moreno, de trabajo nada de nada, no encontraba el «adecuado». Finalmente, el uno de mayo, Paul y Amanda le dijeron a su hijo que tenía cuatro meses para independizarse; la respuesta de su hijo fue, «Claro, no hay ningún problema». Durante el mes de junio se lo recordaron. El uno de agosto, a las ocho de la mañana, se presentaron en la casa los encargados de la mudanza; recogieron la ropa y las pertenencias del chico y se las llevaron a un motel. Podía permanecer allí durante dos semanas, sus padres ya le habían pagado la habitación. Sólo tuvieron que transcurrir tres días para que Greg encontrase un trabajo como relaciones públicas a tiempo completo. Aunque no era el trabajo de su vida, le permitía seguir pagando las facturas hasta que encontrase su ansiado trabajo de guionista.

Si has seguido los consejos que te hemos ofrecido en este libro, el anterior no será tu caso. Pero quizá alguno de vosotros haya empezado a leer este libro cuando vuestro hijo es ya un adulto o un joven en sus últimos años de adolescencia que se resiste a independizarse económicamente. Si es tu caso, debes apretar los dientes y darle un «empujoncito»; en definitiva, tú eres el juez que determina si tu hijo está preparado para irse de casa. Ten en cuenta que, aunque tu hijo sea un adulto, puede no estar preparado para ser independiente; pero también puede ser que esté preparado, pero no se independice pues está muy a gusto con las comodidades que le brinda tu casa... Y es que durante años han disfrutado de una gran casa, buenas comidas, televisiones, equipos de alta fidelidad y de todas las comodidades posibles. Cuando llega el momento de independizarse, se les puede hacer duro no contar con estas cosas. Además, puede haber chicos que, aunque no lo exterioricen, pueden estar aterrados por la idea de ser independientes económicamente; pueden dudar de su capacidad para conseguir, usar y administrar el dinero. No son chicos malos o vagos, sino simplemente jóvenes que dudan de su capacidad de salir adelante en el mundo por ellos mismos. Tú eres quien conoce a tu hijo mejor que nadie, si crees que está preparado para independizarse, si sus valores son buenos y sólidos, dale el «empujoncito» y tíralo al agua.

Nuestra sugerencia

Anticipa las situaciones en las que podrías evitar «rescatar» a tu hijo de los posibles problemas económicos en los que podría caer; anota en un papel qué puedes decirle para convencerle de que él puede rescatarse a sí mismo sin ayuda de nadie.

Pero, ¿y si no sabe nadar? Rescátale, pero no a su primera voz de auxilio. Es normal que atraviese problemas económicos. No en vano, va a tener que pagar la cuenta de la tarjeta de crédito y los gastos de su coche; se tendrá que aguantar, comerá pasta todos los días y saldrá a comer algo decente una vez a la semana. Déjale que se queje; invítale alguna vez a comer. Si lo consideras oportuno, dale algo de dinero por Navidad o su cumpleaños (pero no tanto como para que pague todas sus deudas o le haga no tener que trabajar). Un rescate prematuro no es bueno, pues el mensaje que envía es que no confías en que sea capaz de ser independiente económicamente y recuerda, tú eres su referencia. Si le das dinero para que viva un año, le harás sentirse dependiente y el mensaje que deberías dar es el contrario. Tiene que convencerse de que puede valerse por sí mismo y el mejor modo para ello es dejarle que intente solucionar las dificultades con las que se encuentre en la vida.

Relaciones económicas con hijos independizados

Puedes estar orgulloso, tu hijo se ha independizado y vive su vida; tiene buenos valores y sus relaciones de consecución, uso y administración parecen ser las correctas. Has educado bien a tu hijo en un entorno de comodidades y riquezas. Siendo así, tu trabajo ha acabado, ¿no?

No necesariamente. Todavía te queda por jugar un papel que puede ser importante en las relaciones con el dinero que establezca tu hijo.

Una vez independizado, la relación que establezcas con tu hijo puede ser de muy diversa índole. Puede que no le des ninguna ayuda, puedes limitarte a pagarle los gastos en educación o darle donaciones sustanciosas; en este punto, no hay modo correcto ni incorrecto de hacer las cosas, simplemente se trata de seguir un estilo, el que te define como padre. Sea cual sea tu estilo, puede ser el adecuado para que tu hijo madure y se convierta en un adulto responsable. Darle poco dinero no será un obstáculo insalvable para tu hijo; pero también conocemos familias que han mantenido a sus hijos hasta los cuarenta sin que esto les haya supuesto ningún problema.

Te sugerimos que consideres los siguientes puntos cuando abordes los asuntos económicos de tu hijo adulto:

- Ayuda a tu hijo económicamente sin dañarle. Ten en cuenta que los tiempos han cambiado; por ejemplo, el precio de los alquileres se ha disparado. Aunque tu hijo trabaje, podría necesitar tu ayuda económica durante algún tiempo. Una de las ventajas de la prosperidad es esa, poder ayudar a tu hijo de un modo constructivo. La clave está en ayudarle sin convertirlo en una persona dependiente y sin dudar de su autosuficiencia. Tu hijo debe asumir que, una vez independizado, no va a poder disfrutar del nivel de vida que disfrutaba cuando vivía contigo. Las conversaciones informales sobre presupuestos y asuntos económicos son muy positivas en este punto. Darle un poco de dinero está bien, siempre que no lo confunda con un sueldo o que lo gaste en lujos (y no en necesidades).

- Considera cómo puedes aplicar a tu hijo el sistema de valores que, respecto al dinero, atesoras como persona; quédale claro de qué gastos te vas a hacer cargo y de cuáles no. Desde el primer momento, previene las falsas expectativas; es decir, si sólo vas a pagar los gastos X, no le hagas creer que vas a pagar sus gastos X, Y y Z cuando se vaya de casa. Si tu hijo se va a la universidad, déjale claro si le vas a pagar una habitación compartida o un apartamento para el sólo. En definitiva, define tus valores para que tu hijo sepa a qué atenerse; todo dependerá de qué valores poseas y de que clase de hijo tengas. Para algunos padres, lo más correcto será dar poco dinero a su hijo, pues éste puede ser un chico autosuficiente que necesita valérselas por sí mismo. O quizá tu caso sea el del padre que, debido a la profesión que ha elegido su hijo, tiene que mantener su ayuda económica durante más tiempo. Tú eres el juez que debe determinar lo que es correcto o incorrecto, de antemano no hay nada bueno, ni malo.

- Obtén el «consentimiento» de tu hijo. Haz saber a tu hijo las condiciones a las que está sujeta la ayuda que, en su momento, le podrías dar; dale la posibilidad de rechazar tu ayuda. Si tú y tu pareja decidís darle a tu hijo y su esposa diez mil dólares libres de impuestos, ¿te parecería bien que se comprasen un BMW o más bien les disteis el dinero para que, llegado el momento, pudiesen costear los gastos de su hija cuando fuese a la universidad?

- No utilices tu dinero para controlar o castigar a tu hijo. Esto parece obvio cuando tu hijo es pequeño, pero no tanto cuando le llega el momento de hacer las maletas para irse de casa. Algunos padres sienten ansiedad cuando comprueban fehacientemente que su hijo es independiente y que no pueden controlar todo lo que hace; estos padres, inconscientemente, intentan reestablecer la dependencia tradicional padre-hijo dándoles dinero. Del mismo modo, a algunos padres no le sienta nada bien que su hijo se vaya de casa y demuestran su sentimiento de abandono negándoles cualquier ayuda. No caigas en ninguno de estos errores; párate y reflexiona profundamente sobre qué razones tienes para dar o negar ayuda económica a tu hijo.

- Deja claro a tu hijo que si te pide dinero, tendrá que demostrar que lo necesita para «algo que merezca la pena». Llevamos varios años dando clases en el *New York University Family Wealth Institute*. El año pasado, uno de nuestros alumnos nos envió una copia de una carta que había enviado a sus dos hijos adultos. Se titulaba «Fines que merecen la pena» y en ella dejaba claro que ayudaría a sus hijos económicamente siempre que utilizasen el dinero para «fines que mereciesen la pena». Comentaba en la carta que cuando sus hijos le pedían dinero, se fijaba en tres cosas:

  - Lo que vas a hacer con el dinero, ¿es importante para ti?, ¿estás realmente convencido?

  - ¿Vas a dedicar el dinero a algo significativo para ti y los demás?

  - ¿Te valdrá el dinero que te voy a dar para hacerte autosuficiente?

- ¿Te valdrá para algo?

- ¿Beneficiará a la relación que tenemos actualmente?

La siguiente afirmación finalizaba la carta:

> Lo que quiero que comprendáis con estas preguntas es que la diferencia entre dar dinero para fines que merezcan la pena y dar dinero simplemente porque sí es la misma que existe entre dar dinero para ayudaros a ser independientes y dar dinero para prolongar vuestra dependencia de mí o para sacaros de un apuro.

- No olvides las pruebas vocacionales. Los hijos de padres prósperos disponen, para lo bueno y para lo malo, de más posibilidades que el resto de chicos. Sus padres han podido permitirse dar la formación necesaria a su hijo, sea cual fuere el campo que a éste le interesase. Hoy en día, no es raro encontrarse con jóvenes que dudan si ingresar en la facultad de derecho, hacerse misioneros o montar una escuela de rafting. Y es que la gran cantidad de opciones de las que han dispuesto en su vida les han confundido. Incluso los más responsables pueden dudar a la hora de decidir qué camino profesional deben seguir. «Hay tantas cosas que me interesan. No sé cuál es la que más me gusta». «Dentro de seis meses acabo mis estudios universitarios y todavía no sé cuál debería ser mi primer trabajo». «Llevo dos años en este trabajo y ya no estoy motivado. No sé qué hacer»». Una de las mejores inversiones (de tiempo y dinero) que puedes hacer es sugerir a tu hijo que asista a alguna universidad o instituto o a la consulta de algún profesional, donde puedan ayudarle a identificar su vocación.

Riqueza repentina

Imagínate que, de repente, de un modo u otro, te encuentras con una gran cantidad de dinero. Que a alguien le toque la lotería es difícil, pero no lo es tanto que reciba una herencia, que encuentre un trabajo con excelente remuneración, o que un negocio empiece, por un motivo u otro, a ir bien y a generar mucho dinero; y esto te podría pasar a ti.

Evidentemente, utilizarás este dinero para comprar las cosas que siempre anhelaste, trasladarte a un vecindario más lujoso, construir la casa de tus sueños, comprar una segunda vivienda, empezar a disfrutar de mejores y más frecuentes vacaciones, coches de lujo etc.; es decir, comprar más cosas y de más calidad.

Nuestra sugerencia

Imagínate que te toca la lotería. Haz una lista con las tres cosas que te comprarías y piensa en cómo afectarían a tu vida.

Como te puedes imaginar, tu vida cambiaría, pero este cambio podría provocar el estrés de los padres y de los hijos. Si, por ejemplo, te mudas a un vecindario donde viven familias tradicionalmente ricas, puede que te miren con desprecio y te tachen de «nuevo rico». Tus hijos podrían ser objeto del mismo desprecio en el exclusivo colegio privado al que los enviases y sentirse desarraigados. Algunos de estos padres que se encuentran súbitamente con una gran cantidad de dinero se sienten culpables y reaccionan negándose a dar cualquier ayuda económica a sus hijos por miedo a malacostumbrarlos. Pero también hay padres que hacen todo lo contrario, es decir, aprovechan la gran cantidad de dinero que han conseguido para comprar a sus hijos todo lo que les piden, sin importar lo que cueste; a su vez, si estos chicos están acostumbrados a ganarse los regalos con su esfuerzo, podrían sentirse culpables de recibir cosas que, en realidad, no se merecen. En definitiva, la riqueza repentina es un agente de cambio y estrés que puede dificultar el papel de los padres.

No te rías, es cierto que si te toca la lotería el estrés podría aparecer en tu familia. Los psicólogos hablan de dos tipos de estrés, el positivo y el negativo. Casarse, tener un hijo, ser ascendido en el trabajo o que toque la lotería son ejemplos de estrés positivo; divorciarse, que fracase un negocio o la muerte de un ser querido son ejemplos de estrés negativo.

Es una pena que nuestro cuerpo no pueda diferenciar entre ambos tipos de estrés y tome a los dos como un cambio. Es nuestra capacidad para aceptar ese cambio lo que determinará si el estrés nos afecta profundamente o no. Si te toca la lotería y no lo aceptas adecuadamente, experimentarás problemas de sueño, dolores y otros síntomas propios del estrés negativo.

Eileen ha estado dos años, de 1995 a 1997, entrevistándose con personas que, por una causa u otra, se han encontrado, de repente, con una gran cantidad de dinero. Las cantidades iban desde los cinco a más de cien millones. Eileen estaba interesada en descubrir por qué para algunos esta riqueza repentina sólo les afectaba parcialmente, mientras que para otros se convertían en algo realmente negativo en sus vidas.

Los pocos estudios que se han realizado sobre ganadores de grandes sorteos y herederos han descubierto que la riqueza no les ha supuesto encontrar la felicidad, más bien, ha supuesto una experiencia negativa. En uno de los estudios se hablaba de la gran cantidad de estos «millonarios de la noche al día» que acababan en una silla de ruedas por los accidentes fruto del disfrute diario.

En un artículo aparecido en la revista *New York Times*, en 1995, se decía de los afortunados por la lotería que «aunque no había estadísticas, sí que había evidencias de que los ganadores de grandes premios acababan con grandes y ruinosos problemas».

Por su parte, el estudio de Eileen sirvió para poner de relieve algunos de los problemas que afectan a los hijos de los padres que se hacen millonarios de repente.

La buena noticia es que para las tres cuartas partes de los participantes en el estudio de Eileen la riqueza repentina fue una experiencia positiva; y es una buena noticia porque sugiere que este aumento repentino de los fondos familiares puede ser algo positivo y no negativo para los hijos.

El estudio de Eileen, al contrario que los estudios anteriores que se habían fijado en el efecto negativo de la riqueza, se centró en aquellas personas que, habiendo obtenido una gran cantidad de dinero en poco tiempo, se habían dejado asesorar por profesionales del terreno económico y financiero. Con toda seguridad, el consejo de asesores económicos y financieros hace que la riqueza repentina tenga más posibilidades de convertirse en una experiencia positiva en la vida.

En segundo lugar, Eileen se dio cuenta de que los mensajes que los padres de estos nuevos millonarios habían enviado a sus hijos durante la niñez y la juventud eran extremadamente importantes. El noventa por ciento de las personas para las que convertirse repentinamente en millonarias fue una experiencia positiva, habían recibido en su niñez mensajes sobre la importancia del ahorro y la responsabilidad en el gasto.

En tercer lugar, una mayoría significativa de participantes en las entrevistas veían la riqueza repentina como la causante de relaciones negativas con sus hijos. De hecho, estas relaciones negativas con sus hijos eran las causantes de que algunos de los participantes viesen la riqueza súbita como algo negativo en sí mismo.

En cuarto lugar, una gran mayoría de los participantes que veían la riqueza repentina como algo positivo se convirtieron en personas reflexivas. En las entrevistas dijeron cosas como: «El dinero me ha dado la oportunidad de pensar», «La riqueza es lo que me ha dado seguridad personal. Me he podido dedicar más tiempo a mí mismo para conocerme mejor». La aparición de estos comportamientos reflexivos está claramente asociada a la adaptación positiva a la riqueza repentina.

En quinto lugar, a casi todos los participantes les preocupaba cómo iba a afectar el dinero, con el que de repente se habían encontrado, a sus hijos. Les inquietaba la posibilidad de que su riqueza pudiese «arruinar» a sus hijos; querían que sus hijos no dejasen de «luchar» por la vida. Por último, algunos padres creían que el dinero había «desconcertado» a sus hijos y que ni ellos, como padres, ni los chicos, como hijos, sabían cómo hablar del tema.

Basándonos es este estudio, nos permitimos dar los siguientes consejos a aquellas personas que, de repente, se convierten en millonarias:

- **Evalúa cómo afecta la riqueza repentina al comportamiento que tienes con tu hijo.** A algunas personas convertirse en millonarias les hace estar nerviosos, irascibles y agobiados; sus hijos notan este cambio y se sienten, de algún modo, responsables. De hecho, las responsabilidades fiscales y financieras de estas personas aumentan considerablemente y pasan largas horas estudiando las inversiones que han hecho o simplemente, comprando. Este ajetreo puede llegar a ser estresante y ante los ojos de tu hijo podrías parecer Midas contando su dinero. «Sólo hablan de dinero», podrían decir tus hijos a tus espaldas (o incluso a la cara).

  La solución podría ser contratar asesores financieros, pues pueden exonerarte de muchas de las responsabilidades. Muchas personas no están preparadas para los asuntos de impuestos, inversiones, seguros y planificación patrimonial inherentes a la riqueza. El estrés se puede reducir dejando el trabajo a los profesionales.

- **No conviertas la procedencia del dinero en un misterio o tabú para tu hijo.** Si tu hijo no entiende realmente por qué os mudáis tan de repente a una casa estupenda o por qué vuestro nivel de vida ha cambiado tanto en tan poco tiempo, se enfadará. Ten en cuenta que tu hijo podría atribuir tu riqueza a negocios turbios o inmorales. Como hemos dicho antes, el dinero no debería ser un tabú en tu familia. Tus hijos deberían preguntar libremente todo lo que quieran saber y tú deberías ofrecerle respuestas claras y honestas. No deben sospechar en ningún momento, sino sentirse bien. El desconcierto del que hablaba Eileen en su estudio puede evitarse si eres tú quien toma la iniciativa, en lugar de esperar que tu hijo te haga las preguntas; es una buena oportunidad para compartir sentimientos, pensamientos y experiencias con tu hijo.

- **El cambio de nivel de vida no significa un cambio de valores.** La riqueza repentina es muy seductora. Por mucho que mejore tu nivel de vida, es importante que tu conducta refleje tus valores más sólidos.

- **Piensa y después actúa.** Ya que la riqueza repentina incita a la contemplación, piensa en qué ha cambiado tu vida y analiza todas las opciones antes de tomar decisiones. Como dijimos antes, la filantropía es una opción a tener en cuenta, no sólo porque es loable sino porque envía buenos mensajes a tu hijo. Ésta y otras opciones empiezan a tener sentido cuando reflexionas sobre el golpe de suerte que has tenido en tu vida y te ayudará a utilizar el dinero de un modo congruente con tus valores.

El papel positivo o negativo de los abuelos

En páginas anteriores veíamos el papel de los abuelos desde un punto de vista negativo cuando nos referíamos a la exclusión que hacían en sus testamentos y fideicomisos de los nietos que no eran consanguíneos. Sin embargo, la contribución de un abuelo puede jugar un papel muy importante en la educación de un niño.

Los abuelos nunca han vivido y tenido tanto dinero como en nuestros días. Estudios realizados en Estados Unidos estiman que durante los próximos veinte años, la generación de los sesenta va a dejar de diez a cincuenta trillones de dólares a sus hijos, nietos y organizaciones de beneficencia.

Por ello, decimos que los abuelos pueden pasar a jugar un doble papel en asuntos relacionados con el dinero. Tenemos amigos que han metido a su nieto en el mundo de la inversión regalándole acciones por su cumpleaños. La fundación *Stein Roe Young Investors* organiza anualmente un concurso infantil de redacción. En un concurso reciente, se pidió a los niños que escribiesen sobre la persona que más les había ayudado a aprender sobre inversión y asuntos económicos. Cinco de los nueve ganadores escribieron sobre sus abuelos.

Pero también hay abuelos que no saben desarrollar este papel. Quizá el peor de los casos sea el del abuelo que sabotea a sus hijos. Los periódicos están llenos de cartas de padres irritados por el comportamiento de los abuelos, que se dedican a regalar a los chicos cosas que los padres no compran por inadecuadas, como pistolas de juguete, televisiones, videojuegos, etc. Cuando los abuelos tienen este tipo de comportamiento, ignorando los deseos de sus hijos, se convierten en «saboteadores».

A continuación, te ofrecemos unas pautas para ayudar a tus padres a ser mentores y no saboteadores, en asuntos económicos:

- Si das dinero a tus nietos, sugiéreles que no lo gasten todo, sino que ahorren, inviertan y donen.

- Considera darle una o dos acciones de su compañía favorita, por ejemplo Disney o McDonald's. Puedes tomarte esto como un proyecto a medida que va creciendo el chico.

- Si le vas a dar o regalar algo que puede ser susceptible de controversia, como un videojuego, consúltalo antes con sus padres. Si lo padres creen que los chicos han de ganarse el dinero, considera complementar lo que ganen u ofrecerle pequeños trabajos, por ejemplo, en el jardín de tu casa.

Sin duda, el mundo seguirá evolucionando y aparecerán nuevos problemas que los padres tendrán que afrontar. Si lees el siguiente capítulo, te darás cuenta de que en el futuro, criar a un chico en un entorno próspero será algo más que un desafío.

11

Invertir en el futuro de tu hijo

Se ha dicho que el poder siempre viene acompañado de responsabilidad. Nosotros hemos modificado esta frase para que se lea, «El poder del dinero (prosperidad) siempre viene acompañado de la responsabilidad como padres». Algunos de vosotros podéis pensar que criar hijos emocionalmente sanos e inteligentes económicamente es difícil. Es cierto, pero de ninguna manera imposible.

Uno de nuestros objetivos con este libro es facilitar ese proceso. Las ideas y ejercicios que te hemos propuesto deberían ahorrarte tiempo y esfuerzo. Aunque han sido muchas las sugerencias que te hemos ofrecido en estas páginas, quizá te sea suficiente con seguir sólo algunas de ellas.

Este libro se puede resumir en las siguientes cuatro sugerencias:

1. **Entiende la teoría.** John Bowlby y Mary Ainsworth con su teoría sobre los modelos y Erik Erikson con su teoría sobre los estadios de desarrollo nos ofrecen una buena perspectiva desde la que observar los efectos de la prosperidad en nuestros hijos. Reconocer nuestras propias relaciones con el dinero es otro paso crucial. Si somos conscientes de estos factores psicológicos, no sólo estaremos evitando enviar mensajes inapropiados a nuestros hijos, sino que sabremos cuáles son los correctos y cómo y cuándo decirlos.

2. **Sé congruente con tus valores.** Por muy sólidos que sean tus valores, puede que tus actos no sean los correctos en lo relacionado con el dinero. Si identificas tus valores y los reflejas en tus actos estarás protegiendo a tu hijo de los posibles efectos negativos derivados de vivir en un entorno próspero.

3. **Habla y actúa para enseñar a tu hijo todo lo relacionado con el dinero.** Es crucial que te conviertas en el mentor de tu hijo en los asuntos relacionados con el dinero. Válete de las asignaciones, la planificación familiar y las tarjetas de crédito para enseñar a tu hijo a usar, administrar y conseguir el dinero. No conviertas este tema en un tabú y asegúrate de estar preparado para responder clara y correctamente a todas las preguntas que te pueda hacer tu hijo.

4. **Acostumbra a tu hijo a dar más que a recibir.** La filantropía os ofrece a ti y a tu hijo oportunidades maravillosas. Ciertamente, ayudando a los demás, nos ayudamos a nosotros mismos y a nuestra familia. Haz que las actividades de ayuda a los demás, de donación (de tiempo, dinero o de ambos) sea uno de los ejes sobre los que gira la vida de tu familia. Invita a tu hijo a participar en las actividades filantrópicas en las que te involucres. Implicarse activamente en buenas causas previene ese sentimiento de superioridad y los prejuicios tan comunes en las comunidades prósperas.

Y recuerda que no sólo hay que tener en cuenta estas cuatro recomendaciones ahora sino que también son importantes de cara al futuro.

Tendencias relacionadas con el dinero

Aunque estamos de acuerdo con el famoso comentario de Casey Stengel sobre la dificultad que entraña realizar predicciones, especialmente las futuras, somos moderadamente optimistas. Las siguientes tendencias podrían afectar, positiva o negativamente, a nuestra capacidad de criar hijos buenos y responsables económicamente.

Internet

La misma tecnología que ha hecho que nuestros hijos se conviertan en consumidores compulsivos, la televisión, ha hecho posible que el mensaje de muchas personas y organizaciones preocupadas por este consumismo llegue a nuestros jóvenes. Lo mismo se puede decir de Internet. Las familias prósperas se pueden permitir la tecnología que permite acceder a Internet y sus recursos. Lógicamente, estos recursos serán más a medida que vayan pasando los años, por ello, es importante que sepas cuáles son y cómo te pueden ayudar a afrontar los posibles problemas que, en torno al dinero, encuentres al educar a tu hijo. A continuación, te ofrecemos algunos de los sitios que recomendamos a nuestros clientes:

- Nacida en Diciembre de 1995, *Jumpstart Coalition for Personal Financial Literacy* tiene como objetivo enseñar a los jóvenes conceptos básicos de economía. En este sitio de Internet podrás encontrar un cuestionario en el que, para responderlo, tu hijo tendrá que imaginarse que vive independizado: ¿Qué coche se compraría? ¿Dónde viviría? ¿A qué dedicaría su tiempo libre? Es muy posible que, tras rellenar el cuestionario y calcular el dinero que se necesitaría para llevar ese nivel de vida, tú y tu hijo os quedéis realmente sorprendidos. La dirección de esta página Web es www.jumpstartcoalition.com.

- Para ayudar a tu hijo a desarrollar un presupuesto para sus gastos, visita el sitio de *The New York Society of CPAs*, www.dolar4dollar.com/guides/kidplan.htm.

- *Canadian Imperial Bank of Commerce* (CIBC) ofrece una estupenda página Web para padres e hijos. La sección para hijos está dividida a su vez en dos secciones, la dedicada a los menores de doce años y la dedicada a aquellos que están entre los trece y dieciocho años. Los primeros pueden visitar las denominadas *Money Machine* (donde podrán reflejar el dinero que piensan ahorrar a la semana y, en su caso, las ayudas de sus padres) y *Allowance Room* (que permitirá saber a los chicos durante cuánto tiempo tendrán que ahorrar para comprar los juguetes que se presentan, quince en total). La segunda sección, la dedicada a los chicos de trece a dieciocho años, presenta y explica a los chicos los conceptos de ahorro, objetivo y presupuesto. La división en edades que hace este sitio de Internet es sólo orientativa; un niño de once años podría pasarlo bien en la sección dedicada a los mayores de doce.

- Si lo que te interesa es saber más sobre el tema de las asignaciones, visita www.kidsmoney.org. Aquí podrás encontrar artículos muy interesantes.

- *StudentMarket.com* y *Consumer Credit Counseling Service of Southern New England* han creado un sitio Web para explicar a los jóvenes la importancia de saber utilizar el crédito de forma responsable y de tener un buen historial de crédito. Puedes encontrar este sitio Web en www.studentmarket.com/studentmarket/student-credit-card-basics.html.

- Otro buen sitio Web con información sobre tarjetas de crédito dirigida a los estudiantes es www.consumeralert.org/pubs/research/Aug99StudentDebt.htm.

El desafío de la diversidad

Un artículo que circula por Internet, atribuido a Phillip M. Harter, de la Facultad de Medicina de la Universidad de Stanford, da la siguiente perspectiva de la diversidad de nuestro mundo:

> Si redujésemos la población de la Tierra a un pueblo de cien
> personas, manteniendo las proporciones, habría:
> setenta y cinco asiáticos
> veintiún europeos
> catorce del Oeste (Norte y Sur)
> ocho africanos

cincuenta y dos serían mujeres, cuarenta y ocho hombres
setenta no serían blancos, treinta serían blancos
setenta no serían cristianos, treinta serían cristianos
ochenta y nueve serían heterosexuales, once serían homosexuales
seis personas poseerían el cincuenta y nueve por ciento de la
riqueza del mundo, y los seis serían estadounidenses
ochenta vivirían en chabolas
setenta serían analfabetos
cincuenta sufrirían de malnutrición
uno estaría a punto de morir y otro estaría a punto de nacer
uno (sí, sólo uno) tendría estudios universitarios
uno tendría un ordenador

Piensa en qué significarán estas estadísticas para tu hijo. Menos del veinte por ciento de la población sabe leer y escribir, tiene una vivienda digna y alimentos suficientes. El disponer de un ordenador en casa, ya no en su propia habitación, significa que tu hijo está entre lo selecto de este mundo.

La prosperidad permite a nuestros hijos viajar por el mundo. Los programas de formación y las becas que ofrecen las instituciones educativas de los Estados Unidos hacen posible que chicos del tercer mundo se eduquen y formen en el mundo desarrollado. El mundo tiende a convertirse en una aldea global y nuestros hijos cada vez están más en contacto con personas con otras raíces y costumbres. Dentro de poco, la integración, en el más amplio sentido de la palabra, se reflejará en nuestra mano de obra, en nuestras escuelas y en otras instituciones sociales. Es crucial que eduquemos a nuestros hijos en esta diversidad para que entiendan que tener dinero no significa ser mejor, sino simplemente, tener más. Para funcionar eficazmente en el mundo, tienen que dejar atrás los prejuicios y falsos conceptos que pudieran tener.

La búsqueda de héroes en un mundo de villanos materialistas

Como en los Estados Unidos no hay monarquía, los jóvenes suelen tener como modelos a los ricos y famosos. Históricamente, los ricos (normalmente por el dinero heredado) formaban la denominada alta sociedad. Hollywood se encargaba de proporcionar los famosos. Entre los dos, los ricos y los famosos, marcaban la moda y, ocasionalmente, llenaban con sus escándalos las páginas de la prensa sensacionalista. Sin embargo, durante las últimas décadas, personas pertenecientes al mundo del espectáculo, los medios y el deporte han originado un nuevo modelo de ricos y famosos para nuestros hijos: atletas, cantantes y actores con apenas veinte años que ganan millones al año, algunos de los cuales no hacen gala de comportamientos ejemplares precisamente. A todo esto se añade la televisión, programas en los que, para ganar dinero, los concursantes mienten y engañan a los demás.

No creemos que esta tendencia de inmoralidad se desacelere durante los próximos años. Es prácticamente imposible evitar que nuestros hijos estén expuestos a estos tan negativos aspectos de la cultura contemporánea..., y es que no podemos prohibirles que vean la televisión, escuchen la radio y tengan amigos. Por ello, se hace necesario contrarrestar esos mensajes negativos exponiendo a nuestros hijos a modelos que ejemplifiquen virtudes, y no vicios, especialmente en todo lo relacionado con el dinero.

De ahí la necesidad de encontrar lo que podemos llamar héroes del dinero. No han sido pocos los ejemplos que han aparecido en este libro sobre personas que utilizan su dinero para mejorar el mundo en el que vivimos. A medida que crece tu hijo dale a conocer sus historias, explícales cómo utilizan estas personas su dinero de un modo congruente con sus valores. Con hechos, más que con palabras, tú mismo te puedes convertir en el héroe de tu hijo. Sarah Pillsbury, productora cinematográfica, una de las creadoras de la fundación *Liberty Hill*, describe a sus padres como héroes del dinero cuyo ejemplo le enseñó a ser una buena ciudadana. Han pasado los años y ahora es ella la que se ha convertido en un modelo para sus hijos.

Una vida llena de significado

El interés por la filantropía y la espiritualidad va a aumentar en el futuro. Habrá más personas prósperas y se empezará a extender lo que a Eileen le gusta llamar el «síndrome de ¿y qué?». Tenemos más dinero que nuestros padres; trabajamos tanto o más que ellos; vemos menos a nuestros hijos; tenemos un buen nivel de vida. ¿Y qué? ¿Somos realmente felices? ¿Tiene sentido nuestra vida? ¿Son nuestros hijos más felices?

Si nos hacemos todas estas preguntas, nos daremos cuenta de que vivir una vida llena de significado conlleva la ayuda a los demás, a la sociedad. Cada vez son más las personas que se dan cuenta de los efectos beneficiosos de la filantropía en la vida familiar, aunque este tipo de actividades no tenga remuneración.

El tiempo para ser padres

Durante años hemos estado organizando seminarios y talleres sobre la psicología de la prosperidad dirigidos a familias y asesores financieros. (Puedes encontrar información sobre el Instituto Gallo en www.galloinstitute.org). Nos hemos dado cuenta de que los padres son cada vez más conscientes de los aspectos emocionales y psicológicos de la prosperidad y reconocen la necesidad de desmitificar el papel que juega el dinero en sus vidas y la de sus hijos. Para lograrlo, lo más recomendable es pasar tiempo con tu hijo sin pensar en ninguna otra cosa.

Mary Pipher, autora de *The Shelter of Each Other: Rebuilding Our Families*, cree que, en nuestros días, no son los padres quienes educan a sus hijos; los medios han terminado por usurpar este papel a los padres... y lo que enseñan los medios a nuestros hijos no está precisamente en relación con nuestros valores. La mayoría de nosotros intentamos que nuestros hijos entiendan que siempre hay un límite. Cuando nos piden un juguete o unos pantalones de marca, les explicamos que «*suficiente* es una palabra que aparece en el diccionario», que no son el centro del universo y que es muy importante aprender a retrasar las gratificaciones. Pero nuestro esmero educativo es contrarrestado por la televisión, que una y otra vez hace llegar a nuestras casas el mensaje de «No pienses, déjate llevar por tus impulsos».

La clave para conseguir que seamos nosotros quienes eduquemos a nuestros hijos es estar «en sintonía» con ellos, compartiendo lo que Edward M. Hallowell, un distinguido psiquiatra, autor de *Connect*, describe como «el momento humano». El momento humano sólo consiste en dos personas que se prestan atención mutuamente.

Sin embargo, Hallowell y Pipher señalan que, por estar muy ocupados o por no saber administrar nuestro tiempo adecuadamente, estamos perdiendo ese momento humano, especialmente el dedicado a los niños. Hoy en día, señala Pipher, la mayoría de las familias que acuden a terapias lo hacen por problemas «relacionados directa o indirectamente con el tiempo». Pipher dedica mucho tiempo a estudiar las agendas diarias de sus pacientes para demostrarles que tienen que dedicarle tiempo a sus hijos. Los teléfonos móviles y los buscas son buenos medios para que padres e hijos no pierdan el contacto, pero, en realidad, más comunicación se está traduciendo en menos tiempo juntos. La comunicación digital puede ser la mejor solución para transmitir grandes cantidades de datos, pero nunca podrá sustituir a la comunicación directa, cara a cara, que un padre necesita para transmitir valores a su hijo.

Parte de nuestro tiempo debe «*pertenecer*» en exclusiva a nuestro hijo. Durante este tiempo, debes dialogar reflexivamente con tu hijo para averiguar qué y cómo piensa; además, debes compartir tus ideas, opiniones y actitudes para facilitar a tu hijo que explore tu mente mientras tú exploras la suya. En su conjunto, esta interacción crea un momento humano durante el cual tus hijos saben y viven tus valores, incluidos tus valores respecto el dinero. Con experiencias como ésta se desarrolla el espíritu familiar, la unidad y un sistema de valores compartidos.

Padres en la abundancia

Ser padre en un entorno próspero es un desafío importante, pero debes saber que la mayoría de los padres estáis capacitados para hacerlo bien. Muchas de las historias que aparecen en este libro dan pie a la esperanza; historias de personas que han utilizado sus recursos económicos para educar hijos honestos y astutos en el plano económico. Gran parte de la responsabilidad de convertir la prosperidad en algo positivo está en tus manos. Cuenta con este libro y utiliza las técnicas aquí descritas para poner remedio a las situaciones complicadas; tu intervención es necesaria para que tu hijo no se convierta en una persona materialista, egocéntrica, clasista y sin ambiciones. A lo largo de las páginas de este libro, hemos compartido contigo ejemplos de padres que han utilizado la filantropía, la terapia, los diálogos a la hora de la cena o la planificación patrimonial, para ayudar a sus hijos a convertirse en buenas personas.

Esperamos que encuentres en este libro un recurso de referencia, sea cual sea la edad de tu hijo y la situación en la que te encuentres. Confiamos en que entre las páginas de este libro estén los consejos adecuados para convencer a tu hijo de que él es igual que los demás y de que el dinero no lo es todo.

Por último, nos gustaría terminar con este consejo: nuestras vidas deben crear una narrativa que haga que nuestros hijos vean el dinero desde la perspectiva adecuada: el dinero nos permite disfrutar de nuestra vida, nos ofrece la posibilidad de ayudar a los más necesitados y hace posible que pasemos momentos humanos con nuestras familias.

Apéndice

Con el objeto de hacer este libro lo más ameno posible, hemos decidido incluir la información técnica de los capítulos 2, 8 y 9 en este apéndice.

Para aquellos de vosotros que estéis interesados en la teoría del modelo, el apéndice del capítulo 2 describe el «experimento del extraño» de Mary Ainsworth, que se utiliza para disponer en categorías los distintos tipos de modelos inseguros.

En el apéndice del capítulo 8, encontrarás magníficos sitios Web dedicados a la filantropía.

El apéndice al capítulo 9, ofrece varios ejemplos de «fideicomisos con incentivos».

Capítulo 2: Modelo

Para comprender mejor el concepto de *modelo seguro*, sería conveniente hacer referencia a la obra de la psicóloga que creó el término. Mary Ainsworth desarrolló su «experimento del extraño» con el objeto de medir la calidad del modelo establecido entre una madre (o la persona que cuida al niño) y un hijo. El experimento consistió en alojar a una madre con su hijo en una habitación llena de juguetes. La madre se iba de la habitación durante un momento y después volvía. Se registraba cuál era la reacción del niño cuando su madre se iba y volvía. Luego, entraba en la habitación una persona desconocida, pero amable, y la madre salía de la habitación de nuevo. Se registraba entonces cuál era la reacción del niño al quedarse a solas con el extraño.

Aproximadamente dos tercios de los niños exhibieron lo que Ainsworth llamó *modelo seguro*. La presencia de su madre era todo lo que necesitaban los chicos; les daba la seguridad que necesitaban para jugar tranquilamente. Cuando su madre salía de la habitación, lloraban en un primer momento, pero transcurridos varios minutos, dejaban sus lloros y volvían a jugar. Cuando su madre regresaba a la habitación, corrían hacia ella para saludarla, después, volvían a sus juegos. Estos niños también demostraron claramente que preferían a su madre antes que a un extraño amable.

Un tercio de los niños demostró lo que Ainsworth denominó *modelo inseguro*. El modelo inseguro se manifiesta de dos modos. Hubo niños que lo manifestaron con comportamientos inseguros y huidizos: no lloraban cuando su madre salía de la habitación y no las iban a saludar cuando entraban; estos chicos también tendían a ignorar al extraño amable. Es obvio que estos chicos no sabían regular correctamente sus emociones y comportamientos. Pero también hubo niños que exhibieron comportamientos inseguros ambivalentes. Lloraban cuando su madre se iba y no dejaban de llorar aunque su madre entrase de nuevo en la habitación; es decir, estaban demostrando que el modelo que habían establecido con sus madres no era lo suficientemente seguro (pues el regreso de su madre no les tranquilizaba). También es evidente, en este último caso, que estos chicos tampoco regulaban correctamente sus emociones y comportamientos.

La teoría del modelo también nos ayuda a entender ciertos comportamientos egocéntricos y egoístas de los que hacen gala algunos niños. Los chicos con problemas de modelo tienen dificultades para relacionarse con los demás. No son capaces de percibir los pensamientos y sentimientos de las personas que los rodean, en su lugar, se concentran en sí mismos y en lo más inmediato. Una de las preocupaciones más habituales en los padres prósperos es que sus hijos «no tienen en cuenta los sentimientos de los demás, sólo los suyos». El sentimiento de superioridad y el egocentrismo (el no querer saber qué efectos tienen nuestros actos en los demás) pueden tener su origen en los modelos inseguros que se establecieron en la niñez.

Para entenderlo, considera el experimento que hizo Peter Fonagy, un psicólogo británico, con varios niños de tres años. Un adulto escondía una chocolatina en una caja y les decía a los chicos que se tenía que ir pero que volvería más tarde para comerse la chocolatina. Una vez que el adulto había abandonado la habitación, Fonagy tomaba la chocolatina, la depositaba en una cesta y le preguntaba a los chicos dónde creían ellos que el adulto iba a buscar la chocolatina cuando regresase. Los chicos que no habían desarrollado un modelo seguro respondían «en la cesta» porque sólo se consideraban a sí mismos, eran incapaces de considerar el pensamiento de otra persona. Los chicos con modelos inseguros suelen ser egocéntricos; tienen verdaderos problemas para considerar los sentimientos y pensamientos de los demás. Se limitan a concentrarse en ellos mismos. En definitiva, no pueden entender que los demás puedan tener otras percepciones de las cosas.

Capítulo 8: Filantropía

Internet es una fuente inagotable de información para encontrar las organizaciones de beneficencia de todo tipo. A continuación te ofrecemos nuestros sitios Web favoritos:

Si quieres que tu familia colabore con *Habitat for Humanity*, visita su página Web en habitat.org.

Si deseas obtener más información sobre los programas de mentores, consulta la publicación *Yes, You Can*, del Departamento de Educación de Estados Unidos, que está diseñada para ayudar a organizaciones y colegios a desarrollar sus propios programas de mentores. Esta publicación toma a *Fulfillment Fund* como programa modelo. Puedes acceder a toda esta información en www.ed.gov/pubs/YesYouCan.

Si te interesan las fundaciones familiares, visita www.cof.org, donde podrás encontrar información sobre *Council on Foundations*.

Para conocer las actividades que realizan otras fundaciones familiares, visita el sitio Web de *Foundation Center* (www.fdcenter.org/), haz clic en «*Grantmaker Info*» y luego en «*Private Foundations*»; encontrarás una lista alfabética de fundaciones familiares con sitio Web que puedes ordenar geográficamente (para ver cuál trabaja en tu zona) o por los asuntos en los que estén involucrados.

The Chronicle of Philanthropy es un periódico dirigido a las organizaciones sin ánimo de lucro que podrás encontrar en www.philanthropy.com.

Philanthropy News Digest es un buen sitio de noticias sobre este asunto: www.fdncenter.org/pnd/current.

Si quieres conocer las últimas noticias sobre las organizaciones sin ánimo de lucro, visita www.pnnonline.org, el sitio de *Philanthropy News Network Online*.

Cruz Roja Americana: www.redcross.org

Salvation Army: www.salvationarmy.org

The Funding Exchange: www.fex.org

The Philanthropic Initiative: www.tpi.org

Create-a-Smile: www.create-a-smile.org

More than Money es un grupo sin ánimo de lucro sustentado por sus propios miembros fundado en 1991 y que ofrece su apoyo a las personas adineradas que colaboran con su dinero y esfuerzo, tiene una estupenda publicación trimestral. Puedes encontrar información de *More than Money* en www.morethanmoney.org. En el número publicado en el invierno de 1998 incluye una historia maravillosa sobre la organización *One Percent Club*, fundada por Tom Lowe, un hombre de negocios de Minnesota. Se basa en un estudio estadístico de los datos publicados por el IRS sobre las declaraciones de impuestos de las 28.000 personas más ricas de Minnesota. Lowe descubrió que si donaban anualmente un 1 por ciento de su riqueza neta, podían aumentar la cifra que el conjunto del estado destinaba a fines caritativos, cinco veces el presupuesto de *Minneapolis United Way*. Asumiendo que cada año el contribuyente se ahorra un siete por ciento en impuestos y suma esta cantidad a su renta, donar el uno por ciento permitiría doblar la riqueza neta cada once años, en lugar de cada diez. En otras palabras, un contribuyente puede donar el uno por ciento de su riqueza neta sin ningún tipo de sacrificio y hacer una gran contribución a la comunidad.

Capítulo 9: Planificación patrimonial

A continuación te ofrecemos una copia del fideicomiso que estableció uno de nuestros clientes para su hija. Su objetivo era que el fideicomiso reflejase los valores que, en torno al dinero, atesoraba como persona.

Ingresos de mi hija cuando cumpla dieciocho años y principios que deben regirlos

Cuando mi hija cumpla dieciocho años, quiero que el presente fideicomiso le ayude a ser responsable e independiente. Para conseguirlo, quiero que la persona encargada administre este fideicomiso del siguiente modo:

1. **Partidas para fines educativos.** Si mi hija se dedica por completo a los estudios y obtiene buenas calificaciones, el administrador pagará sus gastos en educación, dentro de un límite razonable. Se entiende por gastos en educación aquellos que se destinen a enseñanza, libros, tasas, material y transporte (queda incluido la compra de un automóvil, su mantenimiento y reparaciones, y billetes de avión para viajes de estudios) y los gastos cotidianos, siempre que sean razonables. El administrador será quien determine qué cantidad de dinero y durante cuánto tiempo se extenderá esta ayuda. [Nota: tenemos clientes que prefieren especificar en su fideicomiso la duración máxima en años durante los que el beneficiario podrá recibir ayuda para sus estudios, por ejemplo seis años para llegar a la universidad y cinco para cursar estudios de postgrado].

2. **Partidas compensatorias de ingresos.** Si mi hija trabaja a tiempo completo, o estudia y trabaja a tiempo parcial, el administrador le pagará cada mes una cantidad igual a sus ingresos mensuales en bruto. Para dar ese dinero, el administrador podría solicitar a mi hija los documentos pertinentes para demostrar sus ingresos.

3. **Partidas discrecionales.** Además de las dos anteriores, el administrador, bajo su responsabilidad, podría decidir la concesión de las sumas de dinero que considere oportunas para que mi hija sea un miembro responsable e independiente de la sociedad. Estas partidas discrecionales podrían concederse por las siguientes razones:

   ### A. Discapacidad
   Si mi hija está discapacitada, mental o físicamente, y no puede valerse por sí misma, el administrador le proporcionará fondos suficientes para su manutención, educación y sanidad.

   ### B. Bajos ingresos
   Si mi hija elige una profesión loable pero que no le proporciona ingresos sustanciales como, por ejemplo profesora o artista, además de las partidas compensadoras de ingresos, el administrador podría complementar su sueldo con fondos adicionales para hacer frente a los gastos de manutención, educación y sanidad.

   ### C. Cuidado de familiares
   Si mi hija dedica su tiempo a cuidar a uno o varios familiares, hijos o parientes lejanos, el administrador podría ofrecerle fondos adicionales para hacer frente a los gastos de manutención, educación y sanidad.

   ### D. Negocios
   Si mi hija se dedica a los negocios, el administrador, bajo su responsabilidad y considerando que mi hija está lo suficientemente preparada para sacarlos adelante con éxito, podría ofrecer fondos para apoyar sus iniciativas.

E. Otras situaciones

El administrador podría decidir otras partidas para mi hija siempre y cuando se tenga en cuenta la filosofía expuesta en este documento.

El que aparece a continuación es el fideicomiso que preparó uno de nuestros clientes para su hijo. Este fideicomiso daba gran libertad al administrador para que apoyase los intentos de su hijo por llevar una «vida responsable».

Partidas para Michael. Edad de dieciocho a treinta y cinco años

No queremos que Michael dependa del dinero de este fideicomiso de los dieciocho a los treinta y cinco años. En su lugar, queremos que el administrador gestione el dinero de este fideicomiso para ayudarle a vivir de un modo responsable socialmente. Más adelante en este documento, se especifican algunos ejemplos de lo que denominamos actividades socialmente responsables. No es nuestra intención acotar este término con adjetivos como *a tiempo completo* o *a tiempo parcial*, sino que la concreción del término la dejamos al buen juicio del administrador.

Los siguientes son sólo eso, ejemplos; Michael podría involucrarse en otras actividades que, no apareciendo entre estos ejemplos, el administrador pudiera considerar como socialmente responsables.

A. Asistir a una universidad o instituto, a tiempo completo, con el objetivo de obtener una titulación oficial.

B. Dedicar parte de su tiempo a asistir a una universidad o instituto con el objetivo de obtener una titulación oficial, mientras se desarrolla un trabajo a tiempo parcial.

C. Dedicar parte de su tiempo a asistir a una universidad o instituto con el objetivo de obtener una titulación oficial y, al mismo tiempo, estar involucrado en actividades benéficas o filantrópicas.

D. Trabajar a tiempo completo, por cuenta ajena o autónomamente.

E. Desarrollar una carrera a tiempo completo, escritor, artista, músico o actor.

F. Trabajar o desarrollar una carrera a tiempo parcial y al mismo tiempo estar involucrado en actividades benéficas o filantrópicas sin recibir remuneración alguna.

G. Desarrollar actividades benéficas, científicas o educativas a tiempo completo que el administrador considere oportunas para hacer de Michael un miembro responsable de nuestra sociedad.

H. Cuidar de familiares, si estas obligaciones le impiden ganarse la vida o asistir a sus clases.

Bibliografía

AHRONS, CONSTANCE R. *The Good Divorce: Keeping Your Family Together When Your Marriage Comes Apart*. Nueva York: Harper-Collins, 1994.

AINSWORTH, MARY, Y SILVIA BELL. «Attachment, Exploration, and Separation: Illustrated by the Behavior of One-Year-Olds in a Strange Situation», *Child Development*, vol. 41 (1970).

BARBANEL, LINDA. *Piggy Bank to Credit Card*. Nueva York: Crown Trade Paperbacks, 1994.

BARBER, JUDY G. *Family Money: A Commentary on the Unspoken Issues Related to Wealth*. San Francisco: JGB Associates, 2000.

BLOUIN, B., K. GIBSON Y M. KIERSTED. *The Legacy of Inherited Wealth: Interviews with Heirs*. Self-published: 1995. Distribuido en Estados Unidos por The Inheritance Project.

BODNAR, JANET. *Kiplinger's Dollars and Sense for Kids: What They Need to Know about Money and How to Tell Them*. Washington: Kiplinger Books, 1999.

BOWLBY, JOHN. *A Secure Base: Parent-Child Attachment and Healthy Human Development*. Nueva York: Basic Books, 1988.

BRAZELTON, T. BERRY. *Touchpoints: The Essential Reference*. Cambridge, MA: Perseus Books, 1984.

BRAZELTON, T. BERRY, Y STANLEY GREENSPAN. *The Irreducible Needs of Children: What Every Child Must Have to Grow, Learn, and Flourish.* Cambridge, MA: Perseus Books, 2000.

BRIGGS, DOROTHY C. *Your Child's Self-Esteem.* Nueva York: Doubleday, 1975.

BROOKS, DAVID. *Bobos in Paradise: The New Upper Class and How They Got There.* Nueva York: Simon & Schuster, 2000.

COLLINS, CHUCK, Y PAM ROGERS. *Robin Hood Was Right: A Guide to Giving Your Money for Social Change.* Nueva York: W.W. Norton & Co., 2000.

CORTES, CARLOS E. *The Children Are Watching: How the Media Teach About Diversity.* Nueva York: Teachers College Press, 2000.

COVEY, STEPHEN R. *The Seven Habits of Highly Effective Families.* Nueva York: St. Martin's Griffin, 1997.

D'SOUZA, DINESH. *The Virtue of Prosperity: Finding Values in an Age of Techno-Affluence.* Nueva York: The Free Press, 2000.

DINKMEYER, DON SR., GARY D. MCKAY Y DON DINKMEYER JR. *The Parent's Handbook: Parenting Young Children; Parenting Teenagers.* Circle Pines, MN: American Guidance Service, 1997.

ELKIND, DAVID. *The Hurried Child.* Reading: Addison-Wesley, 1981.

——*Parenting Your Teenager,* Nueva York: Ballantine Books, 1993.

EPHRON, DELIA. *Funny Sauce.* Nueva York: Viking, 1982.

ERIKSON, ERIK. *Identity and the Life Cycle.* Nueva York: W.W. Norton & Co., 1980.

ESPOSITO, VIRGINIA M. *Conscience and Community: The Legacy of Paul Ylvisaker.* New York: Peter Lang Publishing, 1999.

ESTESS, P., E I. BAROCAS. *Kids, Money & Values.* Cincinnati: Betterway Books, 1994.

FARBER, ADELE, Y ELAINE MAZLISH. *Siblings Without Rivalry.* Nueva York: Avon Books, 1987.

FONAGY, PETER. «Psychoanalytic Theory from the Viewpoint of Attachment Theory and Research», *Handbook of Attachment.* J. Cassidy y P. Shaver, eds. Nueva York: Guilford, 1999.

FRANKL, VIKTOR, Y GORDON W. ALLPERT. *Man's Search for Meaning*. Nueva York: Washington Square Press, 1998.

GILBERT, ROBERTA M. *Connecting with Our Children: Guiding Principles for Parents in a Troubled World*. Nueva York: John Wiley & Sons, 1999.

GLENN, H. STEPHEN, Y JANE NELSEN. *Raising Self-Reliant Children in a Self-Indulgent World*. Roseville, CA: Prima Publishing, 2000.

GOTTMAN, JOHN. *Raising an Emotionally Intelligent Child*. Nueva York: Simon & Schuster, 1997.

GREENSPAN, STANLEY. *Building Healthy Minds*. Cambridge, MA: Perseus Books, 1999.

——— *The Challenging Child*. Cambridge, MA: Perseus Books, 1995

HALLOWELL, EDWARD M. *Connect*. Nueva York: Pantheon Books, 1999.

HOLTZ-EAKIN, DOUGLAS, DAVID JOULFAIAN, Y HARVEY S. ROSEN. «The Carnegie Conjecture: Some Empirical Evidence». *The Quarterly Journal of Economics*, mayo 1993.

——— «Sticking It Out: Entrepreneurial Survival and Liquidity Constraints». Journal *of Political Economy*, vol. 102, no. 1, 1994.

HUSTON, ALETHA C., Y JOHN C. WRIGHT. «Television and Socialization of Young Children». *Tuning in to Young Viewers: Social Science Perspectives on Television*. T. Macbeth, ed. Thousand Oaks, CA: Sage Publications, 1996.

IMBER-BLACK, EVAN, Y JANINE ROBERTS. *Rituals for Our Times*. Londres: Jason Aronson, 1998.

KAREN, ROBERT. *Becoming Attached*. Nueva York: Oxford University Press, 1988.

LEVY, JOHN. *Coping with Inherited Wealth*. Distribuido en Estados Unidos por John Levy. Mill Valley, CA: 1987.

LITTWIN, SUSAN. *The Postponed Generation*. Nueva York: William Morrow & Co., 1986.

MANNING, ROBERT D. *Credit Card Nation: The Consequences of America's Addiction to Credit*. Nueva York: Basic Books, 2000.

MATTHEWS, ARLENE MODICA. *Your Money, Your Self: Understanding and Improving Your Relationship to Cash and Credit.* Nueva York: Simon & Schuster, 1991.

McMILLON, BILL. *Volunteer Vacations: Short-Term Adventures That Will Benefit You and Others.* 7ªed. Chicago: Chicago Review Press, 1999.

MERRELL, SUSAN SCARF. *The Accidental Bond.* Nueva York: Ballantine Books, 1995.

MILLON, THEODORE. *Disorders of Personality: DSM-IV and Beyond,* segunda edición. Nueva York: John Wiley & Sons, 1996.

NEEDLEMAN, JACOB. *Money and the Meaning of Life.* Nueva York: Doubleday, 1991.

NEWMAN, SUSAN. *Little Things Long Remembered: Making Your Children Feel Special Every Day.* Nueva York: Crown Publishers, 1993.

PARKES, COLIN MURRAY, JOAN STEVENSON-HINDE y PETER MARRIS. *Attachment Across the Life Cycle.* Nueva York: Routledge, 1991.

PEARL, JAYNE A. *Kids and Money.* Princeton: Bloomberg Press, 1999.

PIPHER, MARY. *The Shelter of Each Other: Rebuilding Our Families.* Nueva York: Ballantine Books, 1996.

RATHS, LOUIS, MERRILL HARMIN y SIDNEY SIMON. *Values and Teaching: Working with Values in the Classroom.* Columbus: Merill, 1966.

REISS, STEVEN. *Who Am I? The 16 Basic Desires That Motivate Our Action and Define Our Personalities.* Nueva York: J P Tarcher, 2000.

RIST, RAY. «Student Social Class and Teacher Expectations: The Self-Fulfilling Prophecy in Ghetto Education». *Harvard Educational Review,* vol. 40, no. 3, 1970.

ROKEACH, MILTON. *The Nature of Human Values.* Nueva York: The Free Press, 1973.

ROSENFELD, ALVIN y NICOLE WISE. *Hyper-Parenting: Are You Hurting Your Child by Trying Too Hard?* Nueva York: St. Martin's Press, 2000.

SCHNAIBERG, ALLAN y SHELDON GOLDENBERG. «From Empty Nest to Crowded Nest: The Dynamics of Incompletely Launched Young Adults». *Social Problems,* vol. 36, 1989.

SCHNIEDEWIND, NANCY Y ELLEN DAVIDSON. *Open Minds to Equality.* Boston: Allyn y Bacon, 1998.

SHORE, BILL. *The Cathedral Within: Transforming Your Life by Giving Something Back.* Nueva York: Random House, 1999.

SIEGEL, DANIEL J. *The Developing Mind: Toward a Neurobiology of Interpersonal Experience.* Nueva York: The Guilford Press, 1999.

SMITH, HYRUM W. Y KEN BLANCHARD. *What Matters Most: The Power of Living Your Values.* Nueva York: Simon & Schuster, 2000.

STERN, DANIEL. *Diary of a Baby.* Nueva York: Basic Books, 1990.

TRUJILLO, MICHELLE L. *Why Can't We Talk?: What Teens Would Share if Parents Would Listen.* Deerfield Beach, FL: Health Communications, 2000.

U.S. TRUST SURVEY OF AFFLUENT AMERICANS. Nueva York: Financial Market Research, 1999.

Índice alfabético

McGraw-Hill/Interamericana de España, S. A. U.
División Profesional
C/ Basauri, 17 - 28023 Aravaca. Madrid
Avda. Josep Tarradellas, 27-29 - 08029 Barcelona
España

☐ **Por favor, envíenme el catálogo de productos de McGraw-Hill**

☐ Informática   ☐   Economía/Empresa   ☐   Ciencia/Tecnología   ☐   Español   ☐   Inglés   ☐   Actúa

Nombre y apellidos _____

c/ _____ n.º _____ C.P. _____

Población _____ Provincia _____ País _____

CIF/NIF _____ Teléfono _____

Empresa _____ Departamento _____

Nombre y apellidos _____

c/ _____ n.º _____ C.P. _____

Población _____ Provincia _____ País _____

Correo electrónico _____ Teléfono _____ Fax _____

McGraw-Hill quiere conocer su opinión

**5 FORMAS RÁPIDAS Y FÁCILES
DE SOLICITAR SU CATÁLOGO**

**EN LIBRERÍAS
ESPECIALIZADAS**

FAX
(91) 372 85 13
(93) 430 34 09

TELÉFONOS
(91) 372 81 93
(93) 439 39 05

E-MAIL
profesional@mcgraw-hill.es

WWW
www.mcgraw-hill.es

¿Por qué elegí este libro?

☐ Renombre del autor

☐ Renombre McGraw-Hill

☐ Reseña de prensa

☐ Catálogo McGraw-Hill

☐ Página Web de McGraw-Hill

☐ Otros sitios Web

☐ Buscando en librería

☐ Requerido como texto

☐ Precio

☐ Otros

**Temas que quisiera ver tratados
en futuros libros de McGraw-Hill:**

_____
_____
_____
_____
_____
_____
_____
_____
_____

Este libro me ha parecido:

☐ Excelente   ☐ Muy bueno   ☐ Bueno   ☐ Regular   ☐ Malo

Comentarios: _____